W0070236

Gebrauchsanweisung
für das Engadin

Angelika Overath

Gebrauchsanweisung
für das Engadin

PIPER

Mehr Bäume.
Weniger CO₂.
www.cpibooks.de/klimaneutral

Mehr über unsere Autoren und Bücher:
www.piper.de

Die Rechtschreibung folgt der in der Schweiz gebräuchlichen
Schreibweise mit ss statt ß. Ebenso wurde für geografische Eigennamen
die Schweizer Schreibweise übernommen.

ISBN 978-3-492-27670-2
2. Auflage 2017
© Piper Verlag GmbH, München/Berlin 2016
Redaktion: Karin Steinbach Tarnutzer, St. Gallen
Übersetzungen der Gedichte, Lieder und literarischen Texte
durch Angelika Overath und Manfred Koch (S. 130 f. und 238 f.),
Claire Hauser-Pult und Chasper Pult (S. 176 und 177) sowie Anna Kurth
und Jürg Amann (S. 194)
Karte: cartomedia, Karlsruhe
Satz: Fotosatz Amann, Memmingen
Druck und Bindung: CPI books GmbH, Leck
Printed in Germany

– eine Leuchtkraft aller Farben,
ein Blau auf See und Himmel,
eine Klarheit der Luft,
vollkommen unerhört …

Friedrich Nietzsche

Für Nana
und ihre Söhne Ferdinand und Leonhard,
unsere ambulante Wohngemeinschaft Sent – Basel

Inhalt

Vorwort

Seit neun Jahren leben wir im Unterengadin, in Sent, einem Dorf auf einer Sonnenterrasse 1450 Meter über dem Meeresspiegel. Etwa 300 Meter tiefer fliesst der Inn. Unser jüngster Sohn Matthias kam mit sieben Jahren in die zweite Klasse der rätoromanischen Volksschule in Sent; mit fünfzehn Jahren ging er nach Chur auf die weiterführende Kantonsschule. Während der Schulzeiten kommt er nur noch an den Wochenenden nach Hause.

Unsere beiden erwachsenen Kinder Silvia und Andreas studieren in Deutschland. Aber sie besuchen uns regelmässig im Tal; beide haben in den Semesterferien im Engadin gearbeitet.

Mein Mann Manfred unterrichtet an der Universität Basel und fährt während des Semesters für zwei Tage vom Inn an den Rhein. Diese vier Stunden Pendelzeit nutzt er zum Lesen und Schreiben: von Scuol bis Landquart in der Rhätischen Bahn, danach bis Basel im Speisewagen der SBB.

Mein Schreibtisch steht in Sent, aber regelmässig gebe ich Kurse an der Schweizer Journalistenschule MAZ in

Luzern, und oft bin ich unterwegs auf Lesereisen. Unser Familienleben ist geprägt durch Weggehen und Wiederankommen. Das schult den Blick für das Besondere in diesem Hochtal, das wir, noch immer mit einem Glückserschrecken, als Heimat empfinden.

Die »Gebrauchsanweisung für das Engadin« speist sich aus Alltagserfahrungen, Lektüren, Recherchen, zufälligen Gesprächen und gezielten Interviews. Ihre Perspektive geht vom Dorf Sent aus und damit von der Sprache dieser Gemeinde, dem Vallader.

Über die Form meiner »Gebrauchsanweisung« habe ich lange nachgedacht. Und einiges ausprobiert. Das Engadin ist eines der höchstgelegenen bewohnten Täler Europas. Leicht liesse sich diese alpine Zone flussabwärts begreifen: von Maloja (1809 m) bis hinunter zum fast 800 Meter tiefer gelegenen Martina (1035 m) an der österreichischen Grenze; oder – der Bewegung der Fische folgend – die gut achtzig Kilometer gegen den Strom hinauf. Da das Buch aber keinen geografischen Schwerpunkt hat, sondern sich als Beitrag zur Mentalitätsgeschichte dieser extremen Bergregion versteht, habe ich als Ordnungsprinzip das Alphabet gewählt. Ein Stichwort heisst »Bergell«. Das Bergell und das Engadin sind verschiedene Täler, und doch ist das Engadin vom Bergell aus zu verstehen. Das Bergell beginnt geografisch im Oberengadin bei Isola, am Silsersee, etwa vier Kilometer östlich von Maloja, und gehört – als eine Treppe hinunter nach Italien – zum Erfahrungsraum der Engadiner.

Mit dem notwendigen und schönen Zufall der Buchstabenreihung in einem Alphabet konnte ich spielen, da dem deutschen Wort auch immer ein romanisches zur Seite stand mit seinen keltischen, etruskischen, römischen, italienischen Anklängen. Zwei Sprachtouristen, ein englisches und ein französisches Stichwort, sind dazugestossen. Ein solch primär vallader-deutsches Alphabet soll deutlich machen, dass es sich beim Engadin nicht nur um eine spektakuläre Landschaft handelt, sondern auch um eine Kulturregion, in der eine uralte, bedrohte Sprache noch weiterlebt.

Sent, Sommer 2016

Allegra

Herbst 1992. Eine Heidelberger Freundin, wir kannten uns aus Studienzeiten, hatte im Autoradio etwas von einem seltsamen Ort namens Scuol gehört. Dort, erzählte sie, könne man noch jenseits vom Skirummel Winterferien machen. Es gebe da ein altes Hotel »Quellenhof«, das, wie der Name sage, aus Zeiten eines in Scuol einst berühmten Bädertourismus stamme (→ *Mineralquellen*). Das Hotel Quellenhof, so habe sie in dem Radioreisebericht gehört, habe noch den Charme der vergangenen Bäderkultur der Belle Époque und eigne sich für preiswerte Familien- oder Gruppenferien. Sie schlage vor, gemeinsam nach Scuol in die Skiferien zu fahren.

Wir waren gerade mit unseren grossen Kindern Silvia und Andreas (Matthias, den Jüngsten, gab es noch nicht) aus Griechenland zurückgekehrt. Manfred hatte dort drei Jahre lang als Lektor an der Aristoteles-Universität in Thessaloniki unterrichtet. Die Idee eines Wintertreffens in den Bergen mit alten und neuen Freunden (mittlerweile bestand eine wunderbare Tübingen-Heidelberg-Saloniki-Connection) fanden alle gut. Wir liebten den neugriechischen Gruss »Chairete!«, »Freut euch!«. Und nun freuten wir uns, im Engadin sein romanisches Echo zu hören: »Allegra!« Es ist eine Kurzform von »Cha Dieu ans allegra!«, wörtlich: »Dass Gott uns erfreue!«

»Allegra« ist der Gruss des Engadins, vor allem des Unterengadins, wo die romanische Sprache zwar rückläufig, aber im Alltag sehr viel präsenter ist als im Oberengadin. »Allegra« wird, je nach Uhrzeit und Beziehung der Sprechenden zueinander, mit anderen Formen variiert. Der erste Gruss am Morgen ist »Bun di«, »Guten Tag«. Von etwa elf Uhr an aber grüssen Einheimische, die einander nicht duzen, mit »Allegra«, bis gegen den späten Nachmittag. Danach wünscht man sich mit »Buna saira« einen »Guten Abend« (im Oberengadin beginnt man mit dem Abendgruss bereits nach dem Mittagessen). Vor dem Schlafengehen heisst es dann »Buna not«, »Gute Nacht«. Feriengäste aber können getrost den ganzen Tag mit »Allegra« grüssen. »Allegra« ist übrigens sehr viel leichter auszusprechen als »Grüezi«. Wenn aber Nicht-Schweizer-Mundart-Sprecher auf einem Wanderweg von entgegenkommenden Schweizer Unterländern mit »Grüezi« angesprochen werden und sie sich den romanischen Gruss »Allegra« – quasi als Gegengruss – nicht zutrauen, dann sollten sie wirklich »Grüezi« und nicht »Grüzi« sagen. Ohne »e« wäre das Wort ebenso falsch, wie wenn sie in einem Restaurant ein »Müsli« bestellten. Nähme man diesen Wunsch ernst, würde statt der gewünschten Zerealien eine kleine Maus serviert. Man denke also an die Maus und sage tapfer: »Allegra!«

Wer sich duzt, grüsst mit »chau« (das klingt wie das italienische »ciao«), das ist zu jeder Tages- oder Nachtzeit möglich. Solange sich Personen aber siezen, sollten sie beim

»Allegra« bleiben. Wirklich korrekt, den schönen, höflichen Umgangsformen der Romanen gemäss, wäre allerdings eine Begrüssung bei gleichzeitiger Nennung des Vornamens (also auch, wenn man sich siezt). So werde ich von Dorfbewohnern, die mich nur entfernt kennen, mit »Allegra, duonna Angelika« begrüsst (»Guten Tag, Frau Angelika«), von Freunden aber mit »Chau, Angelika«. Der Nachname wird bei der Begrüssung nicht genannt. Bei meinem Mann wäre es dann »Allegra, sar Manfred« (»Guten Tag, Herr Manfred«) oder eben »Chau, Manfred«. Das Aussprechen des Vornamens ist ein Zeichen der Aufmerksamkeit und Achtung des anderen, und ich ärgere mich regelmässig über mich, wenn ich wieder einmal gedankenversunken vom Schreibtisch auf die Strasse stolpere und dann gerade noch ein »Chau« oder ein »Allegra« hinbekomme, aber meist nicht geistesgegenwärtig genug bin, sofort den Namen des Gegrüssten hinzuzufügen. Aber ich bemühe mich!

Auch die Schulkinder grüssen ihre Lehrer mit deren Vornamen und vorangestelltem »duonna« oder »sar«: »Bun di, duonna Ladina« oder »Buna saira, sar Claudio«.

Eine kleine romanische Begrüssungsbegegnung unter Nachbarn vor dem Dorfladen könnte so aussehen: »Bun di, Maria, co vaja cun tai?« – »Bun di, Flurin, grazcha, bain. E cun tai?« – »Grazcha, tuot in uorden! Fa ün bel di!« – »Tü eir, chau, sta bain.« Also: »Guten Morgen, Maria, wie geht's?« – »Guten Morgen, Flurin, danke, gut. Und dir?« – »Danke, alles in Ordnung! Hab einen schönen Tag!« (wörtlich: mach einen schönen Tag!) – »Du auch, mach's gut« (wörtlich: bleib gesund).

Es ist nicht so schwierig, Romanisch zu sprechen. (Auch wenn ich mich furchtbar anstelle. Aber ich arbeite mit der deutschen Sprache, und ich finde das Romanische so schön, dass ich, wie eine immer noch Frischverliebte, alles auch schön und richtig machen will. Das ist ein sicherer Weg, eine Sprache nicht zu lernen.) Wer etwas achtgibt, wird das Romanische – zumindest im Unterengadin – noch oft hören: auf der Strasse, in den Geschäften, im Gottesdienst, im Bus. Beim Aussteigen sieht man zum Busfahrer, der hier der »schofför« des »auto da posta« ist, und ruft ihm ein einfaches »Grazcha« zu oder auch elaborierter: »Grazcha fich ed a revair« (»Vielen Dank und auf Wiedersehen«).

Wenn ich Romanen im Zugabteil höre, schleiche ich mich gern unauffällig an und setze mich hinter sie. Dann sammle ich Wörter, Aussprachen, Intonationen. Ich versuche, mir Redewendungen zu merken. Ich lausche wie ein Dieb und vermehre meine Silbenbeute wie Saatgut. Freilich nehme ich auch Romanischunterricht, aber nichts ist so effektiv wie das direkte Hören – und natürlich das unmittelbare Sprechen im Alltag. Wenn man sich hoffentlich endlich traut!

Ein aufmerksamer Feriengast kann schnell einen kleinen Grundstock beisammenhaben. Hier ein »Sta bain«, dort ein »Fa ün bel di« oder »Che bell' ora!« (»Was für ein schönes Wetter!«), ein »Ma, che fraid!« (»Was für eine Kälte!«), und schon ist er Teil einer kleinen, exklusiven Sprachgemeinschaft. Solange ein Feriengast Romanisch spricht, auch wenn er nur radebricht, werden die Romanen mit ihm in bewundernswerter Geduld Romanisch sprechen (sicher: im Unterengadin eher als im Oberengadin). Denn sie lieben ihre alte Muttersprache als ein kostbares Gut. »Chara lingua da la mamma« beginnt eines der bekanntesten romanischen Volkslieder, mit dem der Unterengadiner Lehrer Gudench Barblan (1860–1916) die weit über Romanischbünden hinaus bekannte inoffizielle Hymne der Engadiner und Münstertaler Rätoromanen, der »Jauers«, geschrieben hat. Wer den Titel »Chara lingua da la mamma« oder auch »Lingua materna« bei YouTube eingibt, kann das Lied hören, gesungen etwa von der Knabenkantorei Basel.

Das Romanische ist Heimat und Rückzugsort. Ein innerer Schutzraum gegen Touristen, Feriengäste, Ferienwohnungsbesitzer, Zuwanderer. Aber er kann betreten werden. Jede neue Vokabel ist ein Zauberwort, das die romanische Welt öffnet.

Eine bedrohte Sprache zu lernen, sie zu sprechen, ist ein ernstes und schönes Spiel. Wörter sind Schibboleths, Erkennungszeichen, die verraten, ob jemand dazugehört, dazugehören möchte, oder nicht. Wenn Feriengäste romanische Sätze versuchen, zeigen sie, dass sie sich für die Sprachsituation im Engadin interessieren. Schon ein »Allegra«, ein »Co vaja« ist eine kleine Verbeugung vor dem romanischen Dorf, eine Geste der Wertschätzung der einheimischen Kulturgemeinschaft. Sie wird verstanden und von den Romanen entsprechend beantwortet mit einem heiteren Willkommen: »Mo, tü discuorrast bain rumantsch!« (»Oh, du sprichst aber gut Romanisch!«). Das stimmt dann natürlich nicht, aber es ist eine Einladung unter das Dach der Rumantschia.

Alpenpässe

Es war also kurz vor Weihnachten 1992, als wir uns mit dem Auto von Tübingen aufmachten, um zum ersten Mal ins Engadin zu fahren. Auf der Rückbank sassen Silvia, fünf Jahre, Andreas, drei, und Florence, zwölf, das Kind von Pariser Freunden, das mit uns kam. Manfred hatte kurz auf die Landkarte geschaut und sich für den direktesten Weg entschieden: am Bodensee entlang, das Rheintal hinauf, durchs Prättigau bis Klosters, dann Richtung Davos und über den Flüelapass hinunter ins Engadin! Wir hatten – noch von Griechenland kommend – die Sonne im Herzen und Sommerreifen am alten Golf. Und wer im Schatten des Götterbergs Olymp gelebt hat, der interessiert sich für so banale Grössen wie Passhöhen nicht.

Wir fuhren durch graue und grüne Fluren. Es war ein schneearmer Winter. Schon auf der ersten Etappe des Flüelapasses wunderte sich Manfred, dass wir offensichtlich die Einzigen waren, die hier fuhren. Na, immerhin kein Stau! Die Kinder waren bester Laune, im Kassettenrekorder des Autos liefen die Prinzen. Es gab leichte Schneeverwehungen. Beim Gasthof Tschuggen sahen wir kurz ein Auto vor uns, Bündner Kennzeichen, das wir aber bei der nächsten Kehre aus den Augen verloren hatten. Die Schneeverwehungen nahmen zu. Manfred drehte die Musik leiser. Die Kinder protestierten. »Seid doch still«, sagte er, seltsam unfreundlich.

Wir erreichten die Passhöhe von 2383 Metern. Die Strasse war weiss bedeckt, Schneeanhäufungen am Rand. Rechts und links lagen Seen unter Schnee. Die grauen Flanken der hohen Berge zeigten ein geschecktes Katzenfell. Dann begann die Abfahrt. Manfred schaltete die Musik aus. Von der Rückbank kam Rascheln, dann der Geruch von zerkauten Gummibärchen. In der Ferne sahen wir das Bündner Auto noch einmal, das aber nach einer Kehre wiederum verschwunden war. Über die Strasse zog sich jetzt ein Streifenmuster aus Weiss, Grau und Schwarz. Ab und an ein dunkler Glanz. Manfred bremste auf ungewöhnliche Weise und fuhr schlingernde Bögen. Auf meine Frage (ich fahre nicht Auto), was los sei, antwortete er nur: »Schnee.« Dann, nach einer Pause: »Und Eis.« Das hatte ich schon gesehen, aber jetzt erst verstand ich.

In das Abbremsen und ausweichende Fahren kam nun regelmässig die leise Stimme von Florence, die fragte, wie lang es noch sei. Nicht mehr lange, log ich und drehte mich mit mütterlichstem Lächeln zur Rückbank. Das Kind hielt einen kleinen Weihnachtsbaum aus grünem Plastik auf dem Schoss, den wir noch in Saloniki gekauft hatten (schliesslich wollten wir im Hotel Quellenhof Weihnachten feiern!). Ich sah die Mädchenhände, die das struppige Grün bang an seinem hölzernen Sockel hielten. Silvia und Andreas fochten derweil einen Kampf mit zwei aufblasbaren Nikoläusen; sie waren Fahrten über Schlaglöcher durch das thessalische Pilion-Gebirge und über Schotterpisten im mazedonischen

Hinterland gewohnt. Manfred versuchte, sehr, sehr langsam zu fahren und den unfreiwilligen Schwung, den eine Schneepassage ihm gab, auf dem nächsten, vertrauenerweckend schwarzen Asphaltstück wieder aufzufangen. Er war blass. Die Strasse schien ein haarnadelkurviges, schmales Band über sich in immer neuen Schrecken zeigenden Schluchten. Endlich begann der Wald, und Manfred schaltete wieder hoch.

Kurz vor Susch, dem ersten Dorf im Engadin, fragte Florence ein letztes Mal: »Wie lang noch?« Dann maunzte sie, sie wolle aussteigen. Dann kotzte sie. Wir waren froh, den Pass heil hinter uns gebracht zu haben, und reinigten notdürftig Mädchen und Bäumchen mit Kleenex. Im Quellenhof duschte unser Pariser Ferienkind in einer alten, frei stehenden Badewanne auf goldfarbenen Löwenpranken, und ich spülte am Waschbecken unter dem Hahn mit den alten Messingbeschlägen die griechische Plastiktanne im Wasserstrahl aus. So begann unsere Liebe zum Engadin.

Dabei hätten wir, von Tübingen kommend, uns leicht über Österreich dem Unterengadin nähern können. Der Weg hätte uns bequem nach Landeck und Pfunds gebracht, beim Grenzort Martina wären wir, immer leicht ansteigend, in das Hochtal hineingefahren. Von diesem Zugang bei Martina allerdings abgesehen (man biegt von der Reschenpassstrasse, die über Nauders ins Südtiroler Vinschgau führt, rechts Richtung St. Moritz ab), ist das Engadin allein über Pässe zu erreichen.

Es sei denn, man reist durch den Berg hindurch. Im November 1999, pünktlich zum Beginn der Wintersaison, wurde der Vereinatunnel für den Bahnverkehr mit Autoverladung eröffnet. Der mit mehr als neunzehn Kilometern weltweit längste Schmalspurtunnel (Spurbreite ein Meter) verbindet zwei- bis dreimal in der Stunde Klosters im Prättigau (Verladebahnhof Selfranga) mit Sagliains im Engadin. Seit die Bahn durch den Berg fährt, ist der Flüelapass im Winter gesperrt. Aber auch nach seiner Öffnung zur Sommersaison, je nach Witterung meist im Mai, kann es sein, dass man auf der Passhöhe von einem Schneesturm überrascht wird; immer wieder muss die Strasse unter dem Jahr gesperrt werden. Eines der Sprichwörter im Tal besagt: »Kein Monat ohne Schnee.« Und ich erinnere mich an einen Feriensommer in Guarda (1650 m), in dem wir den Kindern Wollsocken als Handschuhe anzogen und eine Wanderung ins Tuoi-Tal abbrechen mussten, weil wir im schliesslich kniehohen Schnee stecken blieben.

Der Vereinatunnel hat das Leben im Engadin verändert. Nun ist das Unterengadin einen Tagesausflug nah an Zürich herangerückt. Bevor es den Tunnel gab, folgte der alte Weg der Rhätischen Bahn von Scuol aus (Endstation und östlichster Bahnhof der Schweiz) der Richtung ins Oberengadin, bog bei Bever nach Norden ab und führte durch die Albula-Alpen hinauf nach Spinas (1816 m) und durch spektakuläre Kehrtunnel und über schwindelhohe Brücken hinunter nach Thusis im Hinterrheintal (697 m) und weiter bis nach Chur (593 m), der Hauptstadt des Kantons Graubünden. Diese Strecke gehört heute zum UNESCO-Weltkulturerbe. Eisenbahnbegeisterte aus der ganzen Welt kommen hierher, nur um diese Strecke zu fahren. Und das Bahnmuseum Albula in Bergün wird auch Reisende erfreuen, die sich nicht für Eisenbahnen interessieren. Von Chur endlich fuhr man durch das Rheintal, dann am Walensee und am Zürichsee entlang bis nach Zürich.

Für die Strecke Scuol–Zürich brauchte die Bahn damals knapp fünf Stunden. Mit dem Vereinatunnel sind es heute nur etwas mehr als zweieinhalb. Zunehmend wird das abgelegene Unterengadin für den Fremdenverkehr interessant. Viele Reisende kommen am Vormittag mit dem Ausflugszug »Aqualino«, um einen Tag im Scuoler »Bogn Engiadina«, dem Mineralwasserbad, einer der Hauptattraktionen des Engadins, zu verbringen (→ *Mineralquellen*). Für mich ist das »Bogn Engiadina« vor allem wegen seiner weitläufigen Sauna-Anlage mit dem marmornen Kaltwasserschwimmbecken die schönste Bäderlandschaft, die ich kenne.

Winterreisende sollten wissen, dass es um Weihnachten und Silvester wie auch in der Zeit der Faschingsferien bei der Autoverladung am Vereina zu Wartezeiten von mehreren Stunden kommen kann. Stammgäste kennen das und vermeiden, an Samstagen anzureisen. Oder sie stellen sich auf ein vorfreudiges Warten ein, haben heissen Tee und Proviant dabei, stricken, schauen auf ihren Tablets Filme, spielen Jass, Skat. Oder nutzen die Zeit, um mit dem Hund spazieren zu gehen. Schnell ergeben sich Gespräche mit anderen Wartenden, die sich die Beine vertreten. Seltsamerweise ist die Stimmung bei Selfranga, an der Tunnelpforte zum Engadin, immer gut.

Bevor es den Vereinatunnel gab, waren im Winter der Schienenweg über den Albula und die Passstrasse über den Julier die einzigen (meist, aber durchaus nicht immer) freien Zugänge von der deutschsprachigen Schweiz hinein ins Engadin. Die Beschwernisse an den Pässen ändern sich, sind aber auch im 21. Jahrhundert nicht zu vermeiden. Der Tod begleitet die Geschichte der Überquerung der Alpen. In diesen Tagen sterben Motorradfahrer in den Kehren, Autos rutschen über den Strassenrand, Radfahrer verunglücken. In vergangenen Zeiten kippten Kutschen, erfroren Reisende und Ruttner, jene Männer, die mithilfe von

Ochsen, Pferden und kleinen Schlitten die Pässe offen halten mussten. Mit Schaufeln wurde der Schnee gebrochen (»ruot« ist der Bruch), dann bahnten sich die dampfenden Tierleiber den Weg. Oft versanken Mann und Pferd bis zu den Schultern im Schnee und mussten schweissgebadet nach wenigen Minuten den nachfolgenden Mann mit Ochse oder Pferd vorlassen. Eine kaum vorstellbar anstrengende und gefährliche Arbeit.

Ruttner erzählten Geschichten von Tod und Rettung. In seinem Buch »Graubünden. Land der Pass-Strassen« zeichnet Paul Caminada ein kleines Medaillon: Im Winter 1862 (noch vor dem Bau der Flüelapassstrasse) fand ein Ruttner auf dem 2606 Meter hohen Scalettapass, dem alten Säumerpfad südwestlich des Flüela, »eine Mutter mit zwei Mädchen« im Schnee liegend. »Eines der Mädchen und die Mutter waren tot. Das kleinere Mädchen lag noch an die Brust der toten Mutter gedrückt. Es lebte und konnte vom Ruttner gerettet werden. Am Auge der Mutter glitzerte eine zu Eis erstarrte Träne.«

Aber auch ohne Schnee war die Alpenüberquerung prekär. Caminada zitiert einen Brief, den der badische Schriftsteller Josef Victor von Scheffel am 6. September 1862 seiner Mutter schrieb, nachdem er das Unterengadin erreicht und in Tarasp Logis genommen hatte:

> *Dann am 4. September über den 8067 Fuss hohen Scalettapass ins Unterengadin. Dies war kein Spass. Ein einsamer, wilder Steig über Felstrümmer und tote, nur vom Flug des Schneehuhns belebte Natur, zur Rechten und Linken von eiskalt herabwehenden Gletscherfeldern überragt – brausende Wildwasser, deren Wasserscheide (wie im Schwarzwald) westlich zum Rhein, östlich zu Inn und Donau führt – im Herabsteigen klaf-*

fende Schluchten … also der Scaletta, dessen Namen von den Skeletten der lawinenerschlagenen Saumtiere und Menschen herrühren soll.

Scheffels Etymologie klingt überzeugend; doch Scaletta geht auf das romanische »s-chaletta« zurück, was »kleines Treppchen« bedeutet.

Die Pässe Flüela (im Sommer auf der Strasse zu überwinden, im Winter auf Schienen durch den Vereinatunnel zu umgehen), Albula (im Sommer ebenfalls mit dem Auto, im Winter nur mit der Rhätischen Bahn befahrbar) und Julier (nur mit dem Auto zu meistern, nicht immer wintersicher) verbinden das Engadin mit der deutschsprachigen Schweiz. Der Malojapass (Autostrasse) ist der Übergang ins italienischsprachige Bergell und hinunter nach Chiavenna in Italien; dann ist man bald am Comer See und in Mailand. Der Ofenpass (Autostrasse) führt von Zernez durch den Schweizer Nationalpark ins Val Müstair und von dort nach Südtirol. Über den Berninapass, 2300 Meter hoch (Autostrasse und Rhätische Bahn – auch diese spektakuläre Strecke gehört zum UNESCO-Weltkulturerbe), kommt man durchs italienischsprachige Puschlav nach Italien: direkt bis in die palmensüdliche Innenstadt von Tirano im Veltlin (→ *Bünde im Bergland*, → *Jenatsch oder die Bundner Wirren*).

Bergell

Der Reiz des Engadins, ein west-östlich ausgerichtetes Hochtal, gesäumt von Schneegipfeln, lebt zunächst von einem Versprechen: der Nähe des Südens. Nach dem wilden, zerklüfteten Osten des Unterengadins weitet sich das Tal gegen Westen zur Hochebene des Oberengadins mit seinen Seen (St. Moritzersee, Champfèrsee, Silvaplanersee, Silsersee), die so schön geschwungen daliegen, als habe Gott sich in Jugendstilgesten versucht: eisgrau, petrol, türkis, saphirblau. Oben bei Maloja hat das Tal keinen Abschluss, es endet vielmehr gleichsam an einer Kante, offen für Wind und Wolken. Dann folgt der Absturz hinunter Richtung Italien. Von Maloja aus dreht sich das Postauto über enge Passkehren in kürzester Zeit tiefer in eine völlig neue Landschaft. Der Wanderer Hermann Hesse vermittelt in der kleinen Skizze »Sommerreise«, wie sinnlich er diesen Übergang von der schönheitsharten Gletscherregion des Engadins in die grosszügige Üppigkeit der Lombardei empfunden hat. Nach dem »spärlich bewachsenen Alpenhochtal« wird die Vegetation immer fruchtbarer, »erst Kartoffeln und schöner Baumwuchs, dann Korn und Gärten, dann Wein und Mais, Kastanien, Maulbeerbäume, Feigen, Oleander«. Und er jubelt:

Was für Dörfer! Jedes eine fast römisch-romanische Vedute, mit alter Kirche und altem Kastell am Berghang trutzend, der reissende Bach an altem Burggemäuer und unter hohen, rundbogigen Steinbrücken hindurchschäumend.

Der heiteren Langsamkeit des Herunterwanderns der Passstrasse entspräche heute das Hinauftreten. Auch moderne Radfahrer, die sich, mit bronzegebrannter Haut, von Italien kommend, in ihren knappen Synthetikpanzern den Malojapass hochkämpfen, könnten wohl von der Lust der Landschaft erzählen, sofern ihnen die Steilheit dieser Strecke nicht die Aufmerksamkeit nimmt zu sinnendem Schauen.

Der Maler Hesse war empfänglich für Landschaftsfarben: Im Engadin sei »alles hart, blank, metallisch klar und kühl«, im Bergell hingegen erscheine »alles warm, weicher, abgetönter, samtener«. Speziell das Wasser der Oberengadiner Seen – »rein, eisig, geklärt in tiefen Stellen von leuchtendem Grün und Blau« – unterscheide sich deutlich vom matt silbernen der Bergeller Flüsse, die den »feinkörnigen Silbersand« der Maloja-Berge mit sich trügen. Noch nie, schliesst Hesse, habe er »Italien auf einem schöneren Weg erreicht«.

Es scheint das Schicksal des Bergells zu sein, als »schöner Weg« aufgefasst zu werden, als ein Übergang, ein Durchgangstal zwischen der erhabenen Höhe des Engadins hinunter in den wahren Süden. Wer hier haltmacht, tut es meist wegen Rainer Maria Rilke. Der Dichter wohnte und schrieb 1919 für einige Wochen in Soglio in einem der Palazzi des alten Adelsgeschlechts der von Salis. Noch heute beherbergt das Haus ein Hotel mit historischem Park und einem schönen Gartenrestaurant. Unter zwei 1884 gepflanzten Mammutbäumen könnte man in den »Sonetten an Orpheus« lesen. Oder ein paar Schritte weiter durch die Kopfsteingassen Soglios zum kleinen Friedhof am Abgrund gehen und hinüber ins Bondascatal schauen, zu den Dreitausendergipfeln der Sciora-Gruppe und zum Piz Badile, und der »Duineser Elegien« gedenken: »Wer, wenn ich schriee, hörte mich denn aus der Engel Ordnungen?«

Kletterer lieben das Bergell! Es gilt als ein Mekka der Alpinisten. Im Unterschied zum spröden Gestein des Engadins (Gneis, Schiefer, Kalk, Serpentin), das sich oft in Abbrüchen aus Geröll zeigt, bestehen die Gebirgszüge des Bergells aus schönstem Granit. Kulturell aber bleibt das Tal eine unterschätzte Passage, trotz Rilke in Soglio, trotz der Künstlerdynastie der Giacomettis, die aus Borgonovo bei Stampa kommen, trotz der maurisch inspirierten Burg Castelmur aus der Mitte des 19. Jahrhunderts. Mit ihren seiden ausgekleideten oder durch Trompe-l'œil-Malereien erweiterten historischen Räumen ist sie ein Zeugnis der Bündner Auswanderungsgeschichte und beherbergt ein hinreissendes Zuckerbäckermuseum (→ *Zuckerbäcker oder Zurückkommen*).

Nur wenige Durchreisende halten in Castasegna, dem Grenzort zu Italien, um die Villa Garbald zu sehen. 1864 fertiggestellt, ist sie der einzige Semper-Bau südlich der Alpen. In diesem Haus wohnte eine erstaunliche Familie. Abgeschirmt von einer halbhohen Mauer und einem durch eine Pergola geschützten Vorgarten, liegt das Anwesen direkt an der Hauptstrasse des Orts. Steinstufen führen zu der italienischen Rustico-Villa hinauf.

Arnout Hostens, ein schmaler, altersloser Mann mit dem Charme eines Jünglings, führt in den Salon. Wir setzen uns an einen runden Tisch aus lackiertem Holz. Er schlägt ein Buch auf. »Sehen Sie diese Fotografie? Es ist ein Hochzeitsbild und ein Programm.« Agostino Garbald, seit 1855 Zolldirektor in Castasegna, war während einer Militärübung im Sommer 1860 in Zuoz beim Lehrer Johann Thomas Gredig einquartiert. Hier lernte er dessen älteste Tochter Johanna kennen. Kurz vor der Abreise machte der 32-Jährige der zwölf Jahre jüngeren Johanna einen Heiratsantrag. Sie antwortete nicht. Eine Woche später aber gab sie in einem Brief ihr Jawort, und die Korrespondenz einer Brautzeit begann. In 27 Briefen (zwischen dem 2. Oktober 1860 und dem 22. April 1861) verständigten sich die beiden über ihre eheliche Zukunft. Johanna schrieb ihrem Bräutigam, dass sie Poetin sei – sie habe schon Gedichte geschrieben – und Schriftstellerin werden wolle. Und er fand das gut. Ein solcher Berufswunsch war für ein Mädchen aus dem Engadin, das bislang vom Vater unterrichtet wurde und gerade ein Jahr auf das Bündnerische Töchterinstitut in Chur gehen durfte, bevor es wieder zu Hause mithelfen musste, sehr ungewöhnlich. Agostino aber schrieb, er wolle keine »perfekte Koch-, Wasch- und Nähmaschine« zur Frau, sondern ein Gegenüber, mit dem zusammen er »philosophieren, lesen und studieren« könne, »bis wir schrecklich gescheit sind«. Agostino hatte neben seiner Arbeit als Zolleinnehmer verschiedene, vor allem naturwissenschaftliche Interessen und sah sich als den kühlen Intellektuellen, »die personifizierte Berechnung«. Sie hingegen war für ihn die »leibhaftige Poesie«, seine »Engadiner Sappho«. Die junge Braut wird gespürt haben, dass die Ehe mit Agostino ihr die ungeahnte Freiheit gab, sich zu bilden und ihren schriftstellerischen Neigungen nachzugehen. Und sie durfte das kalte

Zuoz im Oberengadin, für sie das »bündnerische Sibirien«, verlassen und im Süden – im Süden! – ein selbstbestimmtes Frauenleben beginnen. »Es ist nicht fein – so sagt man –, wenn ein Mädchen an etwas anderes denkt als an Strümpfe stopfen und Tatsch kochen.« Und endet ihren Brief: »Früher wurden solche, welche etwas mehr Scharfsinn verriethen als die gewöhnlichen, als Hexen verschrien, heut zu Tage stehen sie in dem Geruch der Gelehrsamkeit. Deine Johanna (die auf dem besten Wege steht, an Deiner Hand eine Hexe zu werden).« Er antwortet lakonisch: »Liebste, Du bist schon jetzt eine Hexe, brauchst es nicht erst an meiner Hand zu werden.«

Die Fotografie zeigt die beiden in Hochzeitskleidern an einem kleinen runden Tisch sitzend, einander zugewandt (ihre Knie berühren sich). Und doch schauen sie sich nicht an. Mit ernsten Mienen scheinen sie jeweils ihren eigenen Gedanken nachzuhängen. Auf dem Tisch, der sie verbindet (er stützt den Ellenbogen, sie den Unterarm darauf), steht eine Agave, das Sinnbild des Südens, über der Agave hängt ein zierliches Wandregal mit wenigen Bänden: der Beginn ihrer Bibliothek, die auf 2000 Bände anwachsen sollte (sie ist heute elektronisch erfasst und in der Villa Garbald zugänglich). Siebzehn Jahre lang bleibt das Paar kinderlos. Dann kommen in schneller Folge 1877 Andrea, der als Fotograf des Bergells berühmt werden wird (nicht nur wegen seiner wunderbaren Aufnahmen der Familie Giacometti), 1880 Margherita, die weben lernt, eine fotografische Ausbildung macht und ihren Bruder in seinem Atelier in Castasegna unterstützt, und 1881 Augusto zur Welt, der als Mediziner fünfzigjährig in Brasilien an Krebs stirbt. Margherita und Andrea bleiben kinderlos und gründen eine Stiftung, die das Werk ihrer Eltern und den fotografischen Nachlass von Andrea bewahren und in der Villa Garbald

den intellektuellen Austausch von Künstlern und Wissen-
schaftlern fördern soll. Neben der Villa auf dem Gelände
des Gartens wurde 2002 ein modernes Turmhaus eröffnet, in
dem die ETH Zürich Wohn- und Tagungsräume unterhält.
Die Architektur des Hauses zitiert alte italienische Vogel-
fangtürme: Hier sollen Ideen ins Netz gehen.

Die Sprache zwischen der Romanin Johanna und ihrem
im Prättigau gebürtigen, auch Italienisch sprechenden
Mann Agostino war Deutsch. Johanna hatte Deutsch von
ihrem Vater gelernt. Und sie schrieb Deutsch, nicht als
Johanna Garbald-Gredig, sondern unter dem Pseudonym
Silvia Andrea. Ihre Novellen, Erzählungen, Märchen und
Romane kreisen um zwei Themenbereiche: die Stellung
der Frau in ihrer Gesellschaft. Und die Geschichte des
Bergells, des Kantons Graubünden. Zur 600-Jahr-Bundes-
feier schrieb sie eine Wilhelm-Tell-Version, in der sie neue
Frauenfiguren einführte; ein Kapitel spielt allein im weiblichen Refugium einer Spinnstube. Mit »Faustine«, die
Ärztin ist, schafft sie einen weiblichen Faust, der zwischen
Wissenschaft und Kunst die Selbstbestimmung des Menschen Frau sucht. Der Durchbruch gelang ihr mit dem Rei-
sebuch »Das Bergell. Wanderungen in der Landschaft und
in ihrer Geschichte«. Mit Fotografien ihres Sohnes Andrea
versehen, erschien es erstmals 1901, wurde mehrfach aufge-
legt und ins Italienische wie ins Romanische übersetzt. Silvia Andrea war Stammautorin der renommierten Schweizer Zeitung »Helvetia«; sie starb im März 1935, wenige Tage
vor ihrem 95. Geburtstag, als eine beliebte und bekannte
Autorin. 2014, zum Anlass des Jubiläums »150 Jahre Villa
Garbald«, erschien eine vierbändige Werkauswahl. In einem
ihrer letzten Texte von 1929, »Autobiographisches«, gibt sie
eine schöne Sozialcharakteristik des Engadins.

Unsere Landesverhältnisse sind nicht ganz so wie in der inneren Schweiz. Im Engadin sind städtische und ländliche Elemente vielfach vermischt; reine Bauerndörfer gibt es wenige mehr. Ja, das Engadin möchte ich eine in Dörfer abgeteilte Stadt nennen, die sich über ein achtzehn Stunden langes Tal erstreckt. Alle Gesellschaftsstufen sind da repräsentiert, vom Rentier und Gelehrten bis zum Bauer und Handwerker. Das gesellige Leben ist infolge des langen Winters ziemlich entwickelt, und da die einzelnen Familienmitglieder im gleichen Dorf oft ganz verschiedene Lebensstellungen einnehmen, sind die Klassen nicht so streng geschieden wie in den Städten. Diese Vermengung bietet einem aufmerksamen Auge eine Fülle von Wahrnehmungen. Auch kennt man die Familien bis in die zweite und dritte Generation, und das Ineinanderweben von Charakter, Neigung, Überlieferung und Stellung ist leichter herauszufinden als im Treiben grosser Zentren, wo man sehr oft den Einzelnen losgelöst von der Vergangenheit vor sich hat und der Mensch überhaupt viel mehr ein Kind seines Jahrzehntes ist. Diese halb städtischen, halb ländlichen Verhältnisse sind nach meiner Ansicht für intime Beobachtung sehr günstig, erschweren aber die Auffassung des Lebens in grossen Zügen.

Den Engadiner gibt es nicht.

Arnout Hostens steht auf, eine Reisegruppe wartet. Im ganzen Bergell leben heute etwa 1500 Menschen, so viele wie in Villa di Chiavenna, dem kleinen Ort hinter der Schweizer Grenze. Viele Italiener aus dieser Region arbeiten im Oberengadin und kommen täglich durchs Bergell den Malojapass hinauf. Hostens hat im Oberengadin eine Pension geführt. Er kennt die langen Winter dort, das Leben mit den Touristen. Und dann die tote Saison von April bis Mitte Juni. Und im November. Lächelnd zuckt er mit den Schultern. Ja, die Touristen störten eigentlich immer. Wenn sie da sind. Und wenn sie nicht da sind, auch.

Das Bergell hat es zu keiner touristischen Hochblüte gebracht. Reisende nehmen die Umgehungsstrasse und fahren an den kleinen Dörfern mit ihren Buchsbaumgärten vorbei, sehen nicht die in riesige Steinquader gehauenen Brunnen, riechen kaum den Duft der Feigenbäume. Wenige stehen auf dem Friedhof von Borgonovo an den Gräbern der Giacomettis oder in Bondo, da, wo Willy Guggenheim (1900–1977) lebte und starb. Der Freund von Friedrich Dürrenmatt, Max Frisch, Hugo Lötscher, ein Enfant terrible in der Schweizer Kunstszene, malte unter dem Namen des französischen Revolutionärs Varlin seine Visionen des Menschenwesens. Manchmal hält seine Tochter Patrizia Vorträge über ihn und führt in Bondo durch Varlins Wiesen mit den alten Nussbäumen, unter denen er sass, oder durch sein letztes Haus. Flüchtige Reisende nehmen davon nichts mit. Mag sein, dass sie am Kreisverkehr in Promontogno im Vorbeifahren kurz vor dem kaum modernisierten alten Grandhotel Bregaglia staunen, mit seinem diskreten Charme der Morbidität, ein ehrwürdiger Riegel im Tal, ausgerichtet auf: Italien!

Für die Engadiner beginnt spätestens im kleinen Dorf Villa di Chiavenna das andere Land. Die Preise in den Restaurants stürzen, und mit jedem Kilometer wird es südlicher. Die Kastanienhaine verschwinden, Palmen tauchen auf. Gleich sind sie in Chiavenna. Was Reisende, die in den Sommerferien im Bergell unterwegs sind (wann sonst!), nicht bedenken: Im Februar, März, April, wenn das Oberengadin noch in tiefem Schnee liegt, blüht hier, wenige

Kilometer entfernt und eben 1500 Meter tiefer, schon alles. An den Wochenenden sieht man in den südlichen Stein- gassen, auf den mediterranen Plätzen die tapferen Engadiner aus Zuoz, Samedan, St. Moritz, eingemummelt in dicke Winterjacken, wie sie sich aufwärmen. Bei Kaffee und Dolci im Freien schnuppern sie Blütenduft, saugen früh- lingshafte Italianità ein und stärken sich im Glauben, dass es bei ihnen doch auch noch einmal warm werden wird.

Wie Silvia Andrea kennt die Schriftstellerin Leta Sema- deni die Sehnsucht der Oberengadiner nach dem Süden. Viele Jahre hat die gebürtige Scuolerin im berühmten Lyceum Alpinum von Zuoz einheimische und Internats- jugendliche aus der ganzen Welt unterrichtet. »Und wir Lehrer, das halbe Oberengadin, waren am Samstag in Chia- venna«, sagt sie und nimmt einen Schluck Weisswein. »Man ging auf den Markt, kaufte Käse, Obst und frische Pasta.« Wir sitzen im Crotto Ombra hinter dem Markt beim Bahnhof, das sie noch kennt aus den Zeiten, da sie in Zuoz Lehrerin war. Es gibt Gemüse und Fleisch vom Grill und Polenta und Teigtaschen, gefüllt mit Kräutern. Wein und Käse kommen aus eigener Produktion. »Von Zuoz sind es mit dem Auto anderthalb Stunden bis Chiavenna. Der Winter im Engadin ist lang, sechs Monate Schnee. Manch- mal sind wir auch unter der Woche hergekommen, weil wir genug hatten von der Kälte.«

Leta Semadeni unterrichtet nicht mehr. Sie war 63 Jahre alt, als sie eines Morgens in aller Frühe – sie hatte sich den Wecker gestellt, um vor dem Unterricht noch Schüler- arbeiten korrigieren zu können – auf einmal innehielt. Da habe sie schockartig gespürt: Jetzt ist es genug! Und noch am selben Tag die Kündigung eingereicht. Seither veröffentlicht Leta Semadeni ihre Gedichte, Zwillingswesen in Vallader und Deutsch (die bis dahin nur sporadisch in Zeitschriften erschienen waren), erfolgreich als Bücher. 2015 hatte sie mit ihrem ersten Roman »Tamangur« internationalen Erfolg. Er heisst nach dem im Unterengadiner S-charl-Tal beginnenden höchsten Arvenwald Europas, der wegen seiner Widerstandskraft zugleich ein Symbol der Engadiner für ihre romanische Muttersprache ist. Das Buch handelt von der Lebensgemeinschaft einer Grossmutter mit ihrer Enkelin in einem Dorf, das an Leta Semadenis Geburtsort Scuol erinnern mag. Grossmutter und Enkelin beziehen sich in ihrer melancholisch-liebevollen Zweisamkeit immer wieder auf den gestorbenen Grossvater, der jetzt (und hier hat Leta Semadeni den Mythos des Waldes erweitert) in Tamangur ist: im Paradies der Jäger. So ist »Tamangur« ein Wald, eine Sprache und ein Gedenken.

Gut möglich, dass Grossmutter und Enkelin zwei Seiten eines Autorinnen-Ichs sind. Die Grossmutter spricht und handelt aus einer grossen Lebenserfahrung heraus (sie ist, wie Leta Semadeni, weit gereist, kennt Paris, Venedig, lebte in Südamerika); das Kind sieht vieles wie zum ersten Mal, fragt unvoreingenommen, staunt und grüsst die vorbeikommende Ziege. So öffnet »Tamangur« in 73 kurzen Kapiteln eine intime, eine poetische Welt in einem Engadin der »halb städtischen, halb ländlichen Verhältnisse«, gerade weil »die Auffassung des Lebens in grossen Zügen« hier doch sehr schwer ist.

Bünde im Bergland

Die Geschichte Graubündens, die Geschichte des Engadins liesse sich anschaulich unter den Begriff der Wirren (→ *Jenatsch und die Bündner Wirren*) fassen. Standen hier doch kleine frühdemokratische Gemeinden, die sich irgendwie organisierten (ein venezianischer Gesandter sprach einmal von »purer Anarchie«), in einem Kräfteringen mit europäischen Grossmächten. Und was war der Grund? Die eigensinnigen Bergler sassen an entscheidenden Alpenpässen und kontrollierten damit den Zugang zu zentralen Handelswegen. In diese Dynamik hinein kam dann noch das sozialpolitische Schwarzpulver von Reformation und Gegenreformation.

Aber fangen wir vorsichtig von vorne an.

Im 14. Jahrhundert bildeten sich innerhalb des Heiligen Römischen Reichs auf dem Gebiet der heutigen Schweiz »Eidgenossenschaften« als ein lockeres Geflecht von Bündnissen. So entstand zunächst die Eidgenossenschaft der »Acht alten Orte«. Es war die Erweiterung der drei Urkantone Uri, Schwyz und Unterwalden um die Ortschaften

Luzern, Zürich, Zug, Bern und schliesslich Glarus. In dieser Zeit standen die Gemeinden im Engadin zwischen zwei Machtpolen: dem Bischof von Chur und den Grafen von Tirol. Die adligen Familien waren Gefolgsleute beider, da sich deren Rechte überlappten. War etwa der Bischof von Chur für die niedere Gerichtsbarkeit zuständig, so kümmerten sich die Grafen von Tirol um die kapitaleren Verbrechen.

Die letzte Tiroler Herrscherin war die schöne Gräfin Margarete. Da sie selbstbewusst lebte, ihren ersten, ungeliebten Gatten vertrieb und einen besseren heiratete, bekam sie den bösen Beinamen »Maultasch«, was so viel wie Hure oder liederliches Weib bedeutete. Nach dem Tod von Mann und Sohn übertrug sie ihre Herrschaft einem nahen Habsburger Verwandten. Dieser nun kaufte dem Bischof von Chur seine Rechte für die interessante Alpenregion weitgehend ab.

Um den so immer mächtiger werdenden Habsburgern die Stirn bieten zu können, schlossen sich 1367 nach dem Vorbild der Eidgenossenschaften in der Innerschweiz nun auch die Gemeinden im Osten zusammen: in der alten Region des heutigen Engadins und seiner Südtäler, im Bergell und einigen nördlich gelegenen Regionen wie Bergün, Oberhalbstein und eben Chur. Sie nannten sich »Gotteshausbund« und führten im Wappen einen schwarzen, sich aufbäumenden Steinbock auf weissem Grund (dieser schwarze Steinbock hat eine feuerrote Zunge, eine ebenso feuerrote kleine Markierung oberhalb seiner Hoden und macht einen sehr vitalen Eindruck). Weitere Gemeinden auf dem Gebiet des heutigen Graubündens folgten ihnen mit dem »Oberen oder Grauen Bund« (1424) und dem »Zehngerichtebund« (1436). Gegen Ende des Jahrhunderts vereinigten sie sich zu den »Drei Bünden«. Man traf sich und verhandelte miteinander; die Unabhängigkeit der einzelnen Gemeinden und ihrer Gerichte blieb dabei aber immer gewahrt.

Während des »Schwäbischen Kriegs« 1499, in dem die Eidgenossen um eine weitgehende Autonomie innerhalb des Heiligen Römischen Reichs kämpften (sie wollten keine Steuern mehr zahlen und rechtlich nicht dem Reichskammergericht unterworfen sein), kam es zu der für das Engadin entscheidenden Calvenschlacht im Val Müstair. Der Rätoromane Benedikt Fontana aus der Region Oberhalbstein, bischöflicher Vogt und Ministerialer im Gotteshausbund, schrieb hier ein Stück Schweizer Heimatmythos. Als nämlich der kommandoführende Hauptmann (nein, kein Romane!, sondern ein Mann aus Zürich) verzagte und die Schlacht schon aufgegeben hatte, soll Benedikt Fontana siegesentschlossen die Befehlsgewalt übernommen und die Truppe weitergeführt haben. Er wurde schwer verletzt. Sterbend habe er die Kameraden noch zum letzten Kampf aufgerufen mit den seither viel zitierten Worten: »Frestgamaintg anavant, mies mats! Ia sung angal en om, betg az starmante; oz Grischuns e las Leias u mai ple!« (»Frisch auf, meine Jungen, ich bin nur ein Mann, achtet meiner nicht; heute noch Bündner und die Bünde oder nimmermehr!«) So jedenfalls schrieb es der Unterengadiner Reformator Durich Chiampell, mit seiner Psalmenübersetzung und seinen Liedern erster Schriftsteller im romanischen Idiom Vallader (→ *Rätoromanisch*, → *Chantar*), 1570 in seiner Muttersprache auf. Doch es findet sich noch eine frühere Nachricht zu Benedikt Fontana. Der Humanist und frühlateinische Autor Simon Lemnius (aus St. Maria im Val Müstair, seine Mutter war eine Senterin) verfasste ein Werk über den Schwabenkrieg und die Calvenschlacht, das 1550 unvollendet erschien, als er 39-jährig in Chur der Pest erlag. Lemnius, der in Wittenberg studiert hatte, war übrigens in eine heftige Fehde mit Luther verwickelt. So schrieb er etwa die »Monachopornomachia«, den »Mönchshurenkrieg«, in dem er die Lebensführung Luthers und seiner Frau kritisierte. Seinen grossen sterbenden Helden Fontana lässt er so sprechen: »Socii vos, tendite contra vallum igens telis; hodie est, aut Raetia nunquam amplius extabit, patriam defendite dextra!« In einer älteren Übersetzung: »Gefährten! Erstürmt mir den Wall, der so grimmig mit Geschützen gespickt ist! Denn Rätien – heut oder nimmer – wird weiterbestehn, drum verteidigt in Treue die Heimat.« Das sind patriotische Urworte, die über die Jahrhunderte weiterwirkten.

Die Calvenschlacht wurde (wie der Schwabenkrieg insgesamt) gegen Habsburg gewonnen. Die Drei Bünde konnten sich behaupten! Nun wurden sie übermütig.

Das Herzogtum Mailand war 1500 an Frankreich gefallen. Die Eidgenossen und mit ihnen die Drei Bünde waren Verbündete von Frankreich gewesen. Nun wechselten sie die Seite, koalierten mit dem Papst und versuchten, die Franzosen aus Norditalien zurückzudrängen und damit auch die Kontrolle über die Südseite der Alpenpässe zu gewinnen. In den »Mailänder Kriegen« (1500–1515) waren sie zunächst erfolgreich und eroberten das Veltlin und Teile der Lombardei. Während die braven Bündner aber mit Hellebarden, Lanzen und Musketen Mann gegen Mann vorgingen, setzten die Franzosen nun schon Kanonen ein. In der Schlacht von Marignano (1515) in der Lombardei schlugen sie die traditionellen Kämpfer. Aber nicht vernichtend. Es kam zu einem Kompromiss-Friedensvertrag, bei dem die Eidgenossen und die Drei Bünde das Tessin und das Veltlin behalten durften. Das katholische Veltlin war jedoch kein gleichberechtigter Partner innerhalb der Bünde, sondern wurde »Untertanenland«. Und ein, zwei Generationen später rückten die reformierten Pfarrer ein. Das konnte nicht gutgehen.

Der Schulterschluss der Drei Bünde aber stabilisierte sich weiter. In den »Ilanzer Artikeln« (1524 und 1526) konnten sie ihre Bündnisstruktur festschreiben. Die Statuten betonten die Souveränität der Gemeinden, die Macht der Gerichtsorte und legten – gegen die Tradition feudaler Herrschaft – die Grundlagen für eine föderalistische, demokratische Gesellschaftsordnung. Von einer modernen zentralstaatlichen Verwaltung war man aber weit entfernt. Jede Einzelgemeinde war für sich fast so etwas wie ein eigener Kleinstaat; daran änderte sich auch in den folgenden Jahrhunderten nichts (→ *Cumün*). Die Rechte des Bischofs wurden beschnitten, Frondienstbarkeit und Zehntabgaben radikal reduziert. Die Klöster unterstanden nun weltlicher Kontrolle.

Ausgehend von Zürich, erreichte in der ersten Hälfte des 16. Jahrhunderts die Reformation Graubünden. Prediger verbreiteten das Wort Zwinglis und des Churer Stadtpfarrers Johannes Comander. Der rührigste Reformator im Engadin war der mit Comander befreundete Theologe Philipp Gallicius. Nach den Ilanzer Artikeln lag die Entscheidung über die Religionszugehörigkeit klar bei den Gemeinden. So kam es zur Aufsplitterung Bündens in überwiegend katholische – etwa Surselva, Puschlav, Oberhalbstein, Misox – und überwiegend reformierte Regionen: etwa Bergell, Prättigau, das Val Müstair (ohne den Ort Müstair mit seinem Kloster aus der Karolingerzeit), Schanfigg, Rheinwald. Im Engadin traten bis 1576 fast alle Orte (mit Ausnahme der Unterengadiner Gemeinden Samnaun und Tarasp) zum neuen Glauben über.

Die Engadiner Reformation wird nun entscheidend für die Entstehung eines romanischen Selbstbewusstseins (→ *Rätoromanisch*). Das Wort Gottes soll, damit das Volk es ja verstehe, in seiner Muttersprache gehört werden. Die Bibel wird ins Romanische übersetzt; diese Übersetzungen sind die ersten schriftlichen literarischen Zeugnisse auf Romanisch. 1560 erscheint zunächst das Neue Testament im Oberengadiner Idiom Puter. Es ist die Übertragung von Giachem Bifrun, einem humanistisch gebildeten Juristen aus einer angesehenen Oberengadiner Familie. Aufgewachsen in Samedan, studierte Bifrun in Zürich und Paris, bevor er in sein Heimattal zurückkehrte, dort politische Ämter übernahm und sich, gleichsam nebenberuflich, im Sinn der Reformatoren für die Vermittlung des Gottesworts in seiner Muttersprache einsetzte. Neben der Bibelübersetzung verfasste er einen Katechismus und ein Schulbuch für den Elementarunterricht (»La Taefla«, »Die Tafel«). Es waren drei Zeugnisse dafür, dass das Romanische zur Schriftsprache taugte. Denn bis dahin waren Intellektuelle davon ausgegangen, dass diese Bauernsprache nur für den mündlichen Verkehr geeignet sei. Ägidius Tschudi, der erste Historiker der Schweiz (von ihm bezog Schiller das meiste Material für seinen »Wilhelm Tell«), hielt es 1538 noch für ausgemacht, dass man »Churwelsch« – so die damalige Bezeichnung für die rätoromanische Sprache – »nit schryben kann«. Ausserdem hätten die Leute genug zu tun mit dem Kampf gegen die alpine Wildnis, »dann sie sonst nit iro narung haben«. Sie brauchten »Mistgabeln und Sägen«, nicht Feder und Papier.

Es gibt tatsächlich kaum geschriebene Zeugnisse des Rätoromanischen im Mittelalter. Nun aber kristallierte sich allmählich eine romanische Schriftsprache heraus, vorerst in den zwei Idiomen des Engadins. 1562, also fast zeitgleich mit Bifruns »Nuof Sainc Testamaint«, veröffentlichte Durich Chiampell (das ist der Gelehrte, der den Heldenmythos der Calvenschlacht unters Volk brachte) seine Übersetzung der Psalmen »Ün cudesch da Psalms«, das erste gedruckte Werk in der Sprache des Unterengadins, dem Vallader. Es sollte noch rund fünfzig Jahre dauern, bis die anderen Täler nachzogen: 1601 und 1611 erschienen die ersten Katechismen auf Suotsilvan und Sursilvan. Jauer, das Idiom des Val Müstair, ist keine Schriftsprache geworden.

Capuns

Helen geht in den Garten und schneidet fleischige Blätter ab. Sie nennt sie »Krautstiel«; für mich wäre das Mangold. Nein, sagt sie, in der Schweiz sage man Mangold zu niedrigeren Pflanzen, die nicht den starken Mittelstrunk haben. Normalerweise mache man Capuns mit Mangoldblättern, aber im Garten gebe es jetzt eben nur noch Krautstiel (oder das, was in Deutschland Mangold oder auch Schnittmangold wäre). Und auf Romanisch?, frage ich. »Oh«, sagt sie, »frag mich!« (»Manget« oder »piessas«, schaue ich später im Internet nach. Und beide Wörter bezeichnen Mangold wie auch Krautstiel. Aber Kinder sagen auch »I da amo capuns aint il üert« – »Schau, es hat noch Capuns im Garten«. Für sie ist das Blatt schon die Mehlspeise.)

»Mama, wo häsch d' Putzhändschä?« Luzia, die 24-jährige Tochter von Helen, kommt in Unterhemd und Jeans in die Küche. Sie studiert in Zürich an der Höheren Fachschule medizinische Laborantin und ist nur ab und an über das Wochenende zu Hause. So ein liebes Kind, sage ich, kommt heim und putzt! »Ach was«, sagt Helen, »sie braucht die Handschuhe, weil sie sich die Haare mit Henna färben will.« Auch Helen findet keine in den Schubladen, wo sie sein könnten. Luzia springt in den Dorfladen Volg. Helen beginnt, auf einem Brettchen die weissen Mittelstrünke der Krautstielblätter auszuschneiden. Sonst brechen sie beim Wickeln. Dann wäscht sie unter Wenden das lappige Grün unter fliessendem Wasser. Sie legt die Blätter auf einen Stapel. Immer wieder zupft sie eine kleine Schnecke ab und wirft sie aus dem offenen Fenster. »Schneckenpost!«, sagt sie.

Helen ist im Unterland geboren, bei Winterthur. Die Liebe hat sie ins Engadin gebracht. Nach der Trennung von Gisep blieb sie in Sent, im alten Engadinerhaus, dem Geburtshaus ihres Mannes, und zog hier mit Werner, ihrem neuen Freund, die drei Kinder gross. Auch Gisep blieb im Dorf, so konnten die Kinder mit beiden Elternteilen aufwachsen. Auf dem Herd hat sie Salzwasser zum Kochen gebracht. Es scheint zu wenig, sie schüttet von einem zweiten Topf dazu. Sie nimmt fünf, sechs Blätter und legt sie in das sprudelnde Wasser. »Für vielleicht eine Minute«, sagt sie. Die Blätter dürfen nicht zu weich werden.

Luzia steht wieder im Raum, sie greift nach dem kleinen Topf. »Ach«, sagt sie, »jetzt häsch mis Wasser gno.« Sie füllt Wasser nach. Sie wedelt mit den Putzhandschuhen. Auf einem Bratenwender mit Rillen fischt Helen die blanchierten Blätter aus dem Topf und gibt sie vorsichtig in das Spülbecken, das sie mit kaltem Wasser gefüllt hat. Sie legt neue Blätter ins kochende Wasser. Luzia kippt Hennapulver in ihren kleinen Topf. In der Küche mischen sich der Geruch von Henna und Krautstiel.

Helen hat ein Plastikbrettchen schräg auf die Spüle gestellt und legt nun einzeln die abgekühlten Blätter darauf. Eines über das andere. Sie drückt etwas dagegen; so tropfen sie schneller ab. Luzia nimmt eine offene Rotweinflasche vom Regal und giesst Wein in die Henna-Wasser-Mischung. »Ich hätte kein Wasser genommen«, sagt Helen. »Nur Rotwein oder Schwarztee, dann wird die Farbe intensiver.« Sie nimmt die nächsten blanchierten Blätter aus dem Topf, gibt sie ins kalte Wasser. Luzia verschwindet mit der Pampe.

Helen kommt mit geräucherten Würsten. »Das sind jetzt extra magere Würste«, sagt sie. »Die Engadiner würden die nicht nehmen, sie haben gern Fett.« Sie schneidet die Würste in Längsstreifen. »Und dann noch quer«, sagt sie, »schau. Magst du sie so in kleine Würfel schneiden? Und dann gibst du sie zum Mehl.« Sie stellt eine Schüssel mit Weissmehl auf den Tisch. »300 Gramm Mehl, drei Würste. Mindestens.« – »Mama, häsch gschwind Ziit?«, ruft Luzia aus dem Bad. Helen drückt mir den Bratenwender in die Hand. Ich fische nach den Blättern. Und spickle den beiden nach. Luzia steht vor dem Badezimmerspiegel, eine aufgeschnittene Plastiktüte über der heuigen Hennamasse auf dem Kopf. Nun kommen feuchte heisse Tücher darüber. Helen hilft ihr, alles unter einem Frotteehandtuch-Turban unterzubringen.

Ich lege abgekühlte, lappige Blattindividuen auf das schräge Brett. Manche haben Fresslöcher von den Schnecken. Das mache nichts, hat Helen gesagt, die brauchen wir dann zum Flicken. Helen kommt mit einem Sechserkarton Eier. Ich verquirle sie mit einer Gabel in einer Schale. Helen gibt drei Teelöffel Meersalz zu der schaumigen Masse. Dann greift sie ins Gewürzregal. Harissa-Pulver, eine marokkanische Mischung. Schwarzer Pfeffer. Gelber Curry ginge auch. Aber die Engadiner machen das nicht so?, frage ich. »Nein«, sagt sie. »Die Engadiner nehmen Salz und Pfeffer und vielleicht zu den Wurstwürfeln noch kleingeschnittenen Speck. Du kannst das beim Metzger auch als fertige Mischung kaufen.« Luzia kommt in die Küche mit blauem BH, blauem Slip und einem grünen Turban auf dem Kopf. Sie nascht von den Wurstwürfeln und ist schon wieder verschwunden. Helen gibt drei Deziliter Wasser zum geschlagenen Ei. »Du kannst auch Milch nehmen oder Wasser mit Milch.« Dann giesst sie die Flüssigkeit in die Mehl-Wurst-Mischung und beginnt, von der Mitte aus mit dem Kochlöffel einen Teig zu rühren. Sie schlägt die Masse, bis sie Blasen wirft.

»Jetzt machen wir Päckchen«, sagt sie. Sie legt ein grosses Blatt vor sich. »Schau, da hat es Löcher, da legst du ein zweites kleines Blatt drauf und flickst es so.« Ich lerne: Es gibt schöne Blätter und Blätter zum Flicken. Und sehe, dass Helen die Blätter in zwei Stapeln sortiert hat. Sie nimmt mit zwei Teelöffeln Teigmasse aus der Schüssel, gibt sie in die Mitte des Blatts. Und schlägt um: von oben, von unten, von rechts, von links. Sie setzt das Päckchen in eine hitzefeste Auflaufform aus Glas. »Der Teig ist ein wenig flüssig«, sagt sie und wechselt von Teelöffeln zum grösseren Suppenlöffel. Blatt herrichten, mit einem zweiten oder dritten unterlegen. »Wenn du wenig Blätter hast, flickst du durch Falten. Aber wir haben heute genug.« Teig darauftun, umschlagen. In die Form setzen. Als am Ende noch Blätter übrig sind, nimmt Helen das eine oder andere Päckchen wieder aus der Form heraus und gibt ihm einen zweiten Blattmantel. »Ich habe es gern, wenn die Capuns viel Grün haben, sonst kannst du ja grad so gut Spätzle machen.« Sie hat eine Gemüsebouillon angerührt – »die Engadiner würden Fleischbouillon nehmen« – und giesst sie über die Capuns, sodass sie gerade bedeckt sind. Jetzt kommen sie in den Ofen bei 220 Grad. »Ich benetze sie zwischendurch, damit sie nicht hart werden.«

»Wann gibts z'ässe?« Luzia mit Turban und blauem BH streift durch die Küche, sie trägt jetzt eine Sporthose mit Lederhosendesign samt aufgenähten Hirschhornknöpfen. Nach 20, 25 Minuten wird Helen die Capuns aus dem Ofen nehmen, umdrehen und eine Weile stehen lassen, damit sie die Bouillon aufsaugen. »Wenn es zu viel Flüssigkeit ist, schütte ich sie am Ende ab.« Nach der Wartezeit dreht sie sie wieder um. »Aus Schönheitsgründen, aber das ist albern, man sieht es später nicht.« Nun giesst sie Sahne darauf – »so nach Gefühl« – und reibt Parmesan darüber. Unter dem Reiben verschwinden die Capuns wie eine Wiese unter Schnee. »Die Engadiner würden jetzt noch Butterflöckchen drübergeben, damit der Käse besser schmilzt, aber ich nehme lieber noch ein wenig Sahne.« Nun kommen die Capuns für weitere 10 bis 15 Minuten in den Ofen, bis der Käse zu einer schönen, braunen Decke geworden ist, durch die ab und an etwas Grün blitzt.

Wir sitzen am Tisch. Helen hat nebenbei aus den abgeschnittenen Krautstielstrünken ein kleines Gemüse gekocht, es gibt auch Rote-Bete-Salat mit Rapssamen. Und in der Mitte des Tischs dampfen die Capuns. Helens Mann Werner ist gekommen, Luzias Freund Michael, und Luzia sitzt neben ihm mit den schönsten kupferroten Haaren, nun in einem rosa Top. Helen teilt aus. Werner will keine Sahnesauce, Luzia will viel. Sie sprechen über den neuen Schellen-Ursli-Film (→ Guarda, → Kleine Helden). Nein, der sei nicht kitschig. Und die Geschichte sei erweitert, aber es sei schon noch die Geschichte aus dem Buch da. »Ich habe immer geschaut, wen ich kenne.« Luzia zählt auf, wer alles vom Dorf oder aus Nachbardörfern mitspielt. Die andern ergänzen. »Und sie haben im Prümaran Prà San Flurin gedreht. Es gibt in der Schweiz ja kaum noch so ein original belassenes Maiensäss mit den alten Kesseln zum Käsen wie bei uns.« – »Und weisst du, die Szene, wo Schellen-Ursli auf der Glocke den Hang runterfährt, das hat nicht der Junge aus Chur gemacht. Das ist gedoubelt.« – »Ja, das ist schwierig, das ist gefährlich, das kann so einer aus der Stadt nicht.« – »Hast du das gesehen, wie der auf der Glocke da lossaust, wie der das Gleichgewicht hält?« – »Bah, wer sollte das sonst doubeln, wenn nicht ein Riatsch aus Sent! Der Albin war's.« – »Übrigens, Mama«, kaut Luzia, »die Capuns sind megagut.« Alle nicken. Und Helen teilt noch einmal aus.

Chantar

Es ist nicht schwierig, im Engadin Konzerte von interna-
tionalem Niveau zu hören. Und doch wäre es schade, die
Aufführung des einen oder anderen Dorfchors zu ver-
passen. Es gibt viele Chöre im Engadin, und sie sind gut.
Am Anfang war ich irritiert, dass bei ihren Konzerten oft
wild gemischt wird: Schlager der Comedian Harmonists,
romanische Volkslieder, afrikanische Gesänge, Psalmen,
Auszüge aus einer Mozartmesse. Aber diese Buntheit ent-
spricht den Alpenwiesen (→ *Fluors*) und scheint Ausdruck
einer singfreudigen Offenheit zu sein. Sie probieren alles
aus. Wir haben im Senter Dorfchor romanisch und deutsch
gesungen, italienisch, französisch, englisch, tschechisch, in
afrikanischen Sprachen, lateinisch. Und wie die Tiroler zu
jodeln versucht.

Das Singen spielt in den Dörfern der Talschaft noch eine
vergleichsweise grosse Rolle. Die Kinder haben neun Jahre
Singen als Schulfach. Das heisst, wenn sie erwachsen sind,
kennen und können sie wie ihre Eltern ein Repertoire
von Liedern, das abrufbar ist. Chalandamarz (→ *Guarda,*

→ *Kleine Helden*) wäre ohne Singen nicht denkbar. In manchen Gemeinden singen die Kinder an den Brunnen, in anderen gehen sie singend durch die Gassen. In Zuoz, wo an zwei Tagen Chalandamarz gefeiert wird, singen die Erwachsenen in der Eröffnungsnacht in der Crusch Alva zusammen.

So verschieden wie die Dörfer sind ihre Gesangsrituale. Am Sonntag vor Weihnachten trifft man sich in Sent am Dorfplatz, stellt sich in seine Stimme (Sopran, Alt, Tenor, Bass), geht dann los durch die nächtliche Gemeinde und singt an verschiedenen Brunnen, in den Gassen. Die Lehrerin Gianna Bettina dirigiert. Jeder darf mitmachen, auch spontan. Damit aber ein gewisses Niveau gewährleistet ist, hält Gianna Bettina vorher eine Probe ab. Es gibt dann zumindest einige gute Stimmführer. Wer die Lieder nicht auswendig kann, trägt eine Stirnlampe und blättert in der Kälte mit den Handschuhen im Choralbuch. Hinterher kommen alle in die »Grotta da cultura«, einen kleinen Veranstaltungsraum mit Galerie und Bar. Und es kann sein, dass der Lehrer Andri seinen guten Hefezopf mitbringt, den er für alle gebacken hat. Aus der Initiative einiger Senter entstanden, ist die Grotta zum kulturellen Salon für Einheimische, Zugezogene und Feriengäste geworden.

Nach dem jährlichen Konzert des Senter Schulchors in der Kirche, bei dem Eltern, Nicht-Eltern und die 5. und 6. Klasse mitsingen, trifft sich der harte Sängerkern noch in der Chasa Veglia, dem Dorfrestaurant neben der Kirche. Und wenn es gegen Mitternacht geht, fängt einer an und singt ein Stück aus dem Konzert, und die andern fallen ein. »No vain chantà tras tuot«, »wir haben alles durchgesungen«, hat mir Aita hinterher einmal erzählt (→ *Heu*, → *Herbst*).

Die Tradition des mehrstimmigen Gesangs erreichte das Engadin im 17. Jahrhundert. Über einen französischen

Umweg. Claude Goudimel (1505–1572) hatte den vier-
stimmigen Satz in die Kirchenmusik eingeführt. 1562 waren
die Psalmen Davids als »Genfer Psalter« auf Französisch mit
seinem Arrangement erschienen. Ambrosius Lobwasser
(1515–1585), ein deutscher Humanist, übertrug sie dann aus
dem Französischen ins Deutsche und gab sie mit dem vier-
stimmigen Goudimel'schen Satz 1573 als deutschsprachiges
Gesangbuch heraus. Es sollte für die kommenden 200 Jahre
das Gesangbuch der reformierten Schweiz sein. Gegen
Mitte des 17. Jahrhunderts übersetzte der Oberengadiner
Laurenz Wiezel aus Zuoz dieses Gesangbuch ins Romanische.

Hier nun schliesst sich eine schöne Sanges-Geschichte
aus dem Oberengadin an, ein »kulturhistorisches Unikum«,
wie der Märchensammler, Journalist und Musikkritiker
Gian Bundi schreibt. Gian Bundi (1872–1936) war ein in
Berlin geborener Zuckerbäckersohn mit Wurzeln in Bever,
dem Ort, an dem heute die Albula- und die Engadiner
Linie der Rhätischen Bahn zusammentreffen (→ *Randulinas
und Randulins,* → *Zuckerbäcker oder Zurückkommen*). Als ein
Heimweh-Engadiner setzte er sich für den Erhalt des Romanischen ein. In der »Schweizer Musikzeitung« erzählt er
1907 vom »Kirchengesang in der Engadiner Gemeinde
Zuoz«. Er war aufmerksam geworden durch das Geschichts-
buch eines Pfarrers über die Drei Bünde von 1742, in dem
vom »rahresten Kirchengesang im ganzen Land« die Rede
war, und zwar finde der sich in Zuoz. Hier nämlich habe
ein Schulmeister gelebt, der eine besondere Singkunst aus
Holland mitgebracht habe »von den Musikanten des Prinzen von Oranien«. Durch die Hilfe der Herren von Planta,
die »das gemeine Volk darzu mit Fleiss angetrieben«, habe
diese besondere Musik endlich »in Uebung« gebracht
werden können. Die »ganze Singer-Gesellschaft« werde in

sieben Chöre aufgeteilt, »jeder Chor singt nur wenig Worte, der folgende empfacht dessen Stimm in der Eil, da indessen der erstere pausiert, und also circulieren sie und wechseln immer mit einander ab auf die seltsamste Weis, bis der Gesang vollendet ist«. Bundi, nun neugierig geworden, befragte in Zuoz die Planta-Familie, bekam Einblick in die Archive und entdeckte tatsächlich ein ausgeklügeltes System hoch entwickelten Gemeindegesangs. Seine Qualität beruhte darauf, dass die Zuozer unter Strafandrohung zum Singen in der Kirche gezwungen wurden: »Eine Person aus jedem Hause ist verpflichtet, anwesend zu sein bei einer Busse von 6 Kreuzern«, heisst es im Gemeindestatut von 1666. »Wenn in der Kirche gesungen wird, so muss aus jedem Haus eine Person ihren Psalm mitnehmen und singen; und diejenigen, die nicht singen können, sollen mit Andacht nachlesen, bei oben erwähnter Busse.« Es war ausdrücklich verboten, die Kirche zu verlassen, solange noch gesungen wurde.

Bald kam es ansatzweise zu einer Professionalisierung. Eine »regula del chaunt«, eine Sing-Ordnung, legte 1744 das regelmässige Üben und Auftreten des Chors mit einem »Vorsinger« fest. Ab 1756 wurden die männlichen Sänger bezahlt; die Frauen scheinen freiwilliger gesungen zu haben. Erst ab 1780 bekamen auch sie einige Kreuzer, aber weniger als die Männer. Die Bestimmungen gingen so weit, dass die Sitzordnung der Singenden in der Kirche festgelegt wurde. Vorne mussten die schlechteren Sänger sitzen, damit der »Vorsinger« sie im Blick hatte. Die singenden Bräute hingegen bekamen einen Ehrenplatz (und wenn unter ihnen schlechte Sängerinnen waren?). Der Vorsänger bildete auch aus. Eine Regel von 1803 bestimmte, »dass Alle, die singen lernen wollen, dies beim Vorsinger tun müssen; wenn sie wo anders lernen, so soll der Vorsinger das Recht haben, das Honorar auch von ihnen zu fordern, als hätten sie bei ihm gelernt«. Immer wieder ist in den Statuten von Prüfungen die Rede, die die Sänger ablegen mussten: »Alle, die mitsingen wollen, haben vier Mal vor dem ganzen Chore ein Examen abzulegen.«

In der weiteren Entwicklung bildete sich 1846 eine Art Chorverein heraus, der »Corpo musicale«, der nun pauschal bezahlt wurde. Zu Zeiten von Gian Bundi, 1907, waren es hundert Gulden. Und was sangen diese ausgebildeten und ambitionierten Sängerinnen und Sänger in einem abgelegenen Bergdorf auf 1716 Metern? In den Gemeindearchiven findet sich eine Sammlung von sechs Gesangbüchern, die zwischen 1580 und 1643 an verschiedenen Orten – Genf, La Rochelle, Paris, Anvers – gedruckt und später von der Familie Planta gekauft wurden. Vermutlich erstand sie Johann Batista von Planta, der Oberst in holländischen Diensten war (auch wenn sich sein Vetter Baltasar Planta 1707 und 1714 als Eigentümer in die Bände eintrug, das letzte Mal mit dem Zusatz: »seit langem schwacher Sänger im Zuozer Chore«). Batista Planta dürfte auch jenen Zuozer Schulmeister verpflichtet haben, der den guten Kirchengesang in Holland studieren und in sein Heimatdorf zurückbringe sollte. Die sechs Bände mit Gesängen sind eine antiquarische Rarität. Sie enthalten komplizierte vier- bis achtstimmige Kompositionen und Madrigale unter anderem von Jan Pieterszoon Sweelinck, Claudio Monteverdi, Luca Marenzio, Philippo Englese.

»Die Zähigkeit«, schreibt Bundi, »mit der die Zuozer auf dem einmal als richtig erkannten Wege fortschritten, hat geradezu etwas Rührendes. Es kommt dabei natürlich in Betracht, dass die Engadiner dank ihrer vielfachen persönlichen Beziehungen zu ausländischen Kulturzentren mehr von der grossen Welt wussten als andere Bergbewohner.«

Als übrigens Ende des 18. Jahrhunderts der ebenfalls in holländischen Diensten stehende Generalmajor Albert Dietegen von Planta der Gemeinde Zuoz eine Orgel schenken wollte, lehnte die ab. Offensichtlich hatten die Zuozer Angst, eine Orgelbegleitung könnte ihre berühmten Gesänge übertönen.

Es gibt einen Bündner, Sohn eines Holzfabrikanten, der sein Leben mit dem rätoromanischen Volkslied verbunden hat. Geboren 1905 in Ilanz, absolvierte Alfons Maissen das Lehrerseminar in Chur, unterrichtete, bildete sich aber laufend weiter. Er studierte Musik und Gesang in Fribourg und Genf und leitete verschiedene Musikgesellschaften und Chöre. Ab 1934 bis zu seinem Tod 2003 sammelte er im Auftrag der Schweizerischen Gesellschaft für Volkskunde 1500 rätoromanische geistliche und weltliche Lieder. Zunächst zog er mit einem Pliaphon los, das die Tonspur auf Gelatinefolien aufnahm, später hatte er ein Tonbandgerät. Seine Sammlung ist heute digitalisiert. 2006 hat der Musiker Iso Albin vierzig Lieder in einem kulturhistorischen Bildband mit dem Titel »Die Sammlung Maissen. Ein Querschnitt durch das rätoromanische Volksliedgut« herausgegeben. Neben den kommentierten Texten sieht man auch Fotografien der Sängerinnen und Sänger. Eine CD mit neunzehn Originalaufnahmen ist beigegeben. Die romanische Liedermacherin und Sängerin Corin Curschellas hat auf ihren CDs »La Grischa« und »Origins« auch Lieder der Sammlung Maissen aufgenommen und neu interpretiert.

Cumün

Die Universitätsstadt Tübingen am Neckar ist keine Metropole. Zudem wohnten wir in der Altstadt, im Stiefelhof, der ältesten urkundlich erwähnten Adresse. Es war ein Winkel dicht am Ammerkanal, wo einst ein Gerber sein Anwesen hatte und die Leder auswusch. Unsere Kinder spielten auf Kopfsteinpflastern zwischen mittelalterlichen Fachwerkhäusern. Als wir vor unserem Umzug einmal Besuch von zwei Senter Schwestern bekamen (sie wollten das Musical »Mamma Mia« in Stuttgart sehen), schauten sie sich kurz um und erklärten, dass es hier ja ähnlich sei wie in Sent. Wir lebten wie auf dem Dorf. Das stimmte. Und es stimmte nicht.

Der grösste Unterschied zum Leben im Unterengadin waren für uns nicht die Bibliotheken, die Nähe zu Oper, Theater, Kinos – Chur, Zürich, Basel, Luzern, Innsbruck liegen in überwindbaren Entfernungen. Und vor allem ist das Kulturangebot im Engadin selbst sehr hoch. Kaum ein Dorf, das neben seiner Kirche nicht eine Kulturinitiative unterhielte, die grossen Hotels haben Konzertsäle. Und fast möchte ich sagen: keine Gasse ohne Galerie. Wir brachten unsere Bücher mit in die Berge, und die Internetverbindung funktionierte. Das Engadin war keine intellektuelle Diaspora. Was uns in Sent überraschte, war etwas anderes: die Gemeinde.

»Il cumün da Sent« ist die Gemeinde Sent, aber auch die Gemeinschaft von Sent. Mit Letzterer vor allem hatten wir nicht gerechnet. Seit wir in dieses 900-Seelen-Dorf auf 1430 Metern gezogen waren, seit unser damals siebenjähriger Sohn dort in die romanische Volksschule ging (immer zwei Klassen werden in einem Klassenzimmer unterrichtet, im Religionsunterricht sind die reformierten, die katholischen, die muslimischen und die heidnischen Kinder zusammen), seit wir erklärt hatten, dass es für uns keine andere Wohnung in Tübingen mehr gab, sondern dass wir nun ganz und gar mit allem, was wir besassen, in Sent ansässig seien, seither gehörten wir dazu. Wir wurden aufgenommen in etwas, was uns neu war (Manfred war in Stuttgart gross geworden, ich in Karlsruhe). Auf einmal waren wir Mitglieder einer erweiterten Familie mit ausgeprägten Familienritualen.

In unserem ersten Sommer wurde der neue Sportplatz eingeweiht. Ein perfekter Kunstrasenplatz, daneben ein Sandareal für Beachvolleyball. Das alles unmittelbar am Hang vor einer grossartigen Bergkulisse. Rennen musste hier wie Fliegen sein. (Im Winter wird das Fussballfeld vereist und dient als Fläche für Eishockey und zum Schlittschuhlaufen. An manchen Abenden gibt es Flutlicht und Glühwein.) Und es war selbstverständlich (und ich war stolz darauf), dass wir anlässlich des Einweihungsfests des neuen Fussballplatzes gefragt wurden, ob wir auch Kuchen backen und beim Verkauf und Ausschank helfen würden. Ich backte Muffins, von denen ich aus meiner Tübinger

Kindergarten- und Schulmutterzeit bislang geglaubt hatte, dass sie gut seien. Angesichts der elaborierten Torten und bunten Fruchtkuchen der Senterinnen wurde ich eines Besseren belehrt. Für das nachmittägliche Chalandamarz-Buffet am 1. März des kommenden Frühjahrs stieg ich (nach Rücksprache mit meiner Tochter, die backen kann) auf Himbeersahne-Biskuitrolle und Käsekuchen ohne Boden um. Das kam schon besser an.

Manfred, der auf die Einheimischen offensichtlich einen sportlichen Eindruck machte, wurde zugetraut, Co-Trainer der Senter Fussballkinder zu sein. Damals gab es vier Mannschaften (Minikicker Sent, Sent United, Inter Sent, Juventus Sent). Und Manfred lernte notwendigerweise sehr schnell Romanisch. Ein Trainer auf Hochdeutsch, selbst auf Schwäbisch, wäre keine Autorität gewesen.

Unser Sohn Matthias verschwand. Er ging gleichsam unter in den Gassen und Familien des Dorfes, wo er sich neuen Lebensraum eroberte. Er hatte auch in Tübingen Freunde gehabt. Doch er musste sich verabreden (diese Universitätsstadt war eben nicht nur der Winkel Stiefelhof); wir brachten ihn zu seinen Treffen und holten ihn wieder ab. Nun war er weg. Meist um den Fussballplatz herum. Der Senter Glockenturm wurde seine Küchenuhr. Er läutete morgens und am frühen Nachmittag zur Schule, am Abend zum Nachhausegehen. Im Winter um acht, im Sommer um halb neun. Wenn Matthias Hunger hatte, kam er heim und brachte manchmal einen Freund mit. Aber oft ernährte er sich an anderen Tischen. Eine Zeitlang war Fabio, dessen Mutter kalabresische Pizza buk, eine bevorzugte Adresse. Mit dem Nachbarn Plasch ging er regelmässig angeln. Von uns dreien hatte Matthias am frühesten begriffen – und sich sofort darauf eingestellt –, dass der Alltag nun anders war. Zur Familie von Papa und Mama (und den grossen Geschwistern, die in den Ferien mit uns lebten) war auf einmal eine Dorfgemeinschaft gekommen, mit Kollegen und anderen Eltern und Grossmüttern und Grossvätern, die ihn alle vom ersten Tag an mit Namen grüssten: »Chau, Matthias, che fast?« – »Na, Matthias, was machst du?« Und einer meiner ersten romanischen Sätze wurde: »Hast vis a Matthias?« – »Hast du Matthias gesehen?« (Der Akkusativ wird im Romanischen mit »a« gebildet, wenn es um Personen geht.)

Was ist das, »il cumün«? Was ist eine Dorfgemeinschaft zwischen zwei Bergzügen im schroffen Unterengadin, und was vermittelt einem das Gefühl, hier dazuzugehören? Dass man auf der Strasse mit dem Vornamen gegrüsst wird, auch dann, wenn man selbst den ungewohnten Namen des Grüssenden noch nicht weiss oder schon wieder durcheinanderbringt (→ *Allegra*)? Curdin, Corsin, Men, Duri, Cla, Andri, Albin oder Flurina, Flurinda, Annatina, Mina, Mengia, Leta, Nesa, Seraina, Aglaia. Dass einen der Busfahrer kennt, wenn man in Scuol von der Rhätischen Bahn über den Platz kommt und in das Postauto steigt? Dass man montagabends in der Schule im Chor steht und mit anderen Eltern oder Nicht-Eltern und den Kindern der 5. und 6. Klasse singt? Dass die Nachbarin am Wochenende Hefezopf vorbeibringt und schliesslich zeigt, wie man ihn macht, damit man ihn selbst backen kann (und man verschenkt nun auch Hefezopf, stolz, dass es geklappt hat). Gehört man dazu, weil man gezeigt bekommt, was im Garten wächst (es ist der erste Garten, und man hat keine Ahnung, aber die Ambition, Trauben wachsen zu lassen – Trauben in Sent! –, später erfährt man, dass der alte Förster auch welche am Haus hat) und wie man die Rosen, die Johannisbeeren hochbindet und entlaust?

Gemeinschaftsgefühl: Weihnachtsbaumkaufen in Sent. Kurz vor Weihnachten gibt es am Sportplatz einen Nachmittag lang frisch geschlagene Fichten. Je nach Grösse kosten sie zwischen 10 und 25 Franken. Alle treffen sich, suchen aus, diskutieren ihr Bäumchen und bringen es unterm Arm, auf dem Schlitten oder im Auto nach Hause. Ein zum Hinaufschauen grosser Weihnachtsbaum steht dann in der Kirche. Mit roten Wachskerzen, roten Kugeln und Strohsternen. Die Kerzen werden von Jugendlichen, die brennende Kerzen an langen Stangen tragen, angezündet. Für die obersten Lichter müssen sie auf Leitern steigen. Und die Weihnachtsgemeinde sitzt in den Bänken und schaut diesem sportlichen Erleuchten zu. Die reformierten Gemeinden des Engadins feiern den 24. Dezember nicht in der privaten Stüva, sondern kollektiv in der Kirche. Auch wer allein ist, muss den Heiligen Abend nicht allein verbringen. Die bäuerliche Ordnung ist hier freundlicher als die bürgerliche. Die Bescherung und das Festessen gibt es am zweiten Weihnachtsfeiertag.

In Sent gehört der Weihnachtsabend den Schulkindern; er ist überkonfessionell. Die ganze Schule, Kinder und Lehrer, also gut hundert Personen, sitzen vorne im Rund des Altarraums. Sie haben klassenweise mehrstimmige Lieder eingeübt. Einige Kinder spielen ein kurzes Theaterstück. Am Ende singt die Gemeinde »O bainvgnü Nadal« (das romanische »Oh du Fröhliche«) und ein romanisches Weihnachtslied (Coral 139), das das neugeborene Gotteskind als Beschützer preist mit der erstaunlichen Zeile: »Tü est nos tschêl sün terra, tü est nos tschêl eir sün il tschêl.« (»Du bist unser Himmel auf der Erde, du bist unser Himmel auch im Himmel.«) Als ich es zum ersten Mal sang, habe ich die Zeile falsch übersetzt und mich an einer romanischen Mystik gefreut. Statt »Tü est nos tschêl eir sün il tschêl« verstand ich: »Tü est nos tschêl, eu sun teis tschêl.« Das wäre dann: »Du bist unser Himmel, ich bin dein Himmel.« Und unter dem heiteren Streublumenfirmament der Senter Kirche schien mir das plausibel.

»Cumün«, das ist das gemeinsame Singen (→ *Chantar*), nicht nur in der Kirche. Und Glück: neben Anna zu stehen, die zwar sagt, sie könne keine Noten lesen, die aber, wenn sie eine Tonfolge nur einmal gehört hat, sofort sicher einsetzt mit ihrer klaren und dunklen Stimme.

Jedes Jahr kurz vor Silvester organisiert das Lehrerehepaar Andri und Gianna Bettina Gritti einen Bus nach Innsbruck zur Oper, für Interessierte aus Sent und Scuol und ihre Freunde. Während der Fahrt gibt Andri eine kleine Einführung, und jeder bekommt ein selbstgebackenes Brötchen und ein Stück Schokolade. Damit die Fahrt nicht so lange dauert. Im tirolerischen Innsbruck ist Zeit, um zum Beispiel Mozartkugeln zu kaufen oder Marillenlikör. Oder einen Meinl-Kaffee zu trinken, obwohl man im Engadin stolz ist auf den Badilatti-Kaffee aus Zuoz, Europas höchster Kaffeerösterei. Zur verabredeten Stunde treffen sich alle zum gemeinsamen Abendessen (eines mit Fleisch, eines vegetarisch) in der Theaterkantine. Danach beginnt Andri ein Ratespiel, dessen Fragen sich auf die zu erlebende Oper beziehen. Es gibt Applaus und Preise für die Sieger, die per Los ermittelt werden. Nun beginnt die Oper, »Der Barbier von Sevilla« oder »Don Pasquale« zum Beispiel. Und in der Pause stehen die Senter beieinander und trinken – auch das ist für sie vorbereitet – ein Glas Sekt oder Orangensaft. Und unterhalten sich auf Romanisch. (Dass sie Romanisch sprechen, fällt ihnen natürlich nicht auf, aber für mich war ihr Romanisch im Opernhaus Innsbruck immer »cumün«.) Nach der Aufführung geht es nicht etwa gleich heim, obwohl der Weg immerhin fast zwei Stunden dauert, sondern alle treffen sich noch einmal in der Kantine auf ein Glas Wein oder einen Tee. Man ist gern beieinander. Man kann doch jetzt nicht einfach nach Hause fahren. Es ist schon nach Mitternacht, wenn der Bus unter einem Sternenhimmel die Strasse von Crusch hinauf nach Sent nimmt.

Weil es eine Idee von Geborgenheit vermittelt, kann »Cumün«, das heimatliche Dorf, auch Echoraum sein für das eigene, manchmal unheimlich unverstandene Ich. Eines der bekanntesten Engadiner Gedichte, zum Lied vertont von Tumasch Dolf, stammt von Peider Lansel (1863–1943), dem Schweizer Botschafter in Livorno und Dichter in Sent, der als Randulin (→ *Randulinas und Randulins*) zwischen Italien und dem Unterengadin der Sehnsucht nach einem inneren Zuhause eine Stimme gab.

Il cumün in silenzi	*Das Dorf in der Stille*
Il cumün in silenzi	Liegt das Dorf in der Stille,
uossa taidla, sömgiand,	wache träumend ich auf,
las anticas tarablas	klingen Märchen von einstmals
cha l'aual va quintand.	aus den Wassern herauf.
Minchatant il guitader	Manchmal singt uns der Wächter
sa chanzun fa dudir,	fern ein Lied – nur ein Stück,
e'l passa, in silenzi	und es kehrt, was gewesen,
darcheu tuot tuorn' a gnir.	in der Stille zurück.
Eir las uras chi battan	Auch die Stunden, die schlagen
sül clucher pac davent,	von dem Kirchturm im Wind,
ün pa tremblan in l'ajer	zittern leis in den Lüften
e svaneschan cul vent.	und entgleiten geschwind.

Jede Gemeinde hat ihre Traditionen, ihre Rituale. In Sent etwa gibt es alle zwei Jahre am ersten Juliwochenende die »Traversada«, die Durchquerung des Senter Gemeindegebiets von der Heidelberger Hütte, an der Grenze zu Österreich, bis zur Sesvennahütte, die schon auf italienischem Gebiet liegt. Das sind etwa 36 Kilometer, und weil es hoch und runter geht, entsprechen sie 50 »Leistungskilometern«. Das Mindestalter ist sechzehn Jahre, die ältesten Wanderer gehen auf die achtzig zu. Manche laufen schon am Abend von Sent durch das Val Sinestra den Fimberpass hinauf und wieder hinunter zur Heidelberger Hütte am Fuss des Fluchthorns. Andere nehmen den Bus, der am Senter Dorfplatz startet und über Landeck und Ischgl fährt. Für das letzte Stück steht ein offenes Fuhrwerk bereit, das ein Traktor zieht. Auf den meist noch matschigen Wiesen stehen Kühe. Die Gipfel der Berge sind weiss. Wenn man ankommt, ist es dunkel. Man schläft in Gruppenzimmern oder Lagern. Wecken um vier Uhr. Gemeinsames Frühstück. Ab halb fünf geht es in der ersten Dämmerung los. Mit dem Ersteigen des Fimberpasses steigt auch das Licht, der Schnee der Berggipfel beginnt zu strahlen. Als Erstes sind ein paar junge Senter gestartet, in kurzen Hosen, um die Hüfte einen Gurt mit einer Wasserflasche, auf dem Kopf eine Stirnlampe; sie joggen die Strecke durch. Die Rekordzeit liegt bei etwas unter vier Stunden. Der Rest wandert mit mehr oder weniger Ehrgeiz.

Manche Senter trainieren für die Traversada. Schon im Vorfeld bilden sich Gruppen. Und man meldet sich unter einem Gruppennamen an (wir waren einmal die »Dachse«). Auf der Strecke bis zur Sesvennahütte in Südtirol tragen sich die Gruppen bei mehreren Kontrollstationen ein. Immer wieder stehen am Wegrand Tische mit gesponsertem Tee und Holundersaft, selbstgebackenen kleinen Schnecken, Brötchen. Man lagert, schmiert Sonnencreme nach, geht weiter. Überholt und wird überholt. Junge Tiroler sind dabei, die auf dem Campingplatz in Sur En, unterhalb von Sent am Inn, in das kleine Schwimmbad springen, bevor sie den Anstieg über das Uina-Tal beginnen mit seiner 400 Meter tiefen Schlucht und den in den Fels gesprengten Galerien – ein mehr als hundert Jahre alter Schmugglerpfad nach Italien. Die Tiroler mit ihren grauen Filzhüten kommen immer als Letzte in der Sesvennahütte an, pünktlich zum gemeinsamen Abendessen um zwanzig Uhr. Auch jetzt gibt es wieder Spiele und Loseziehen und kleine Gewinne. Und ich weiss, dass bis gegen Morgen gesungen wird. Aber ich habe es nie erlebt, ich bin immer vorher unter irgendeiner dieser karierten Hüttendecken eingeschlafen.

Dachasa

Was heisst Zuhausesein im Engadin? Was erzählen die dicken Häuser? Sie sind ein wenig bauchig, haben kaum einen rechten Winkel, aber eine Haltung. Sie passen sich an, und zwar zunächst den Bruchsteinen, aus denen sie gebaut wurden. Dann den Gassen, die sie bilden, indem sie zurückweichen, um dem Nachbarhaus auch einen Blick auf den Brunnen zu geben. Ein Blick auf den Brunnen ist wichtig, und manchmal braucht es eben einen Erker, damit er gelingt. Alte Engadiner Häuser sind auf einen Brunnen ausgerichtet, auf die Plätze um die Brunnen herum. Sie sind Zentren von Kleingesellschaften innerhalb des Dorfs: Brunnengemeinschaften. Viele geben den jeweiligen Vierteln ihren Namen. In Sent und seinen Fraktionen Crusch und Sur En (insgesamt etwa 900 Einwohner) gibt es 21 Brunnen: Plaz, Schigliana, Büglsüt, Curtin sura, Curtin sot, Plazzetta, Saglina, Fora da Büz, Chasellas, Bügliet, Sala, Stron, Vidos, Fuorn, Archas sura, Archas sot, Avantbaselgia, Funtana, Crusch, Sur En suot, Sur En imez, Mot da Nuns. Oft bezeichnet der Brunnen die Wohnadresse.

Noch heute werden in manchen Quartieren an den Brunnen Teppiche gewaschen. Zunächst mit Seife im kleinen, am Brunnenende abgeteilten Bassin, dann hievt man die nassen Stücke in das grössere Becken, wo das Wasser durch eine Leitung einströmt, und spült sie aus. Während die Teppiche über Gartenzäunen abtropfen und zu trocknen beginnen, wird das Wasser abgelassen und der Brunnen geputzt. Früher tranken hier Kühe, Schafe, → *Ziegen*. Heute löschen meist Hunde an den Dorfbrunnen ihren Durst. Frauen kommen mit Giesskannen, um ihre Kräutergärten zu wässern. Kinder lassen auf Schiffchen aus Rinde Playmobil-Ritter fahren. Und im Sommer, an den gezählten heissen Tagen im Juli oder August, tauchen sie in das eiskalte Wasser unter und prustend wieder auf. Dann sitzen sie mit Handtüchern auf den Steinen, und es ist fast wie am Strand. Oder schöner, wenn in der Sonne die letzten Schneereste von den Berggipfeln leuchten, die Schwalben stürzen und die Luft süss ist vom Heu.

Was erzählen die alten, dicken Häuer? Sie erzählen von Bränden und Kriegen und davon, dass sie, immer wieder aufgebaut, jedesmal etwas enger zusammenrückten. Zum gegenseitigen Schutz. Viele von ihnen tragen Sgraffito-Zeichnungen. Sie zeigen geometrische Muster an den Hauskanten und um die ins Mauerwerk eingelassenen Trichterfenster, manchmal Blumenmotive. Aber auch feine, mit dem Nagel in den feuchten, weissen Kalk geritzte Figuren und Symbole sind zu sehen, die durch die darunterliegende, dunklere Mörtelschicht Ton in Ton sichtbar werden (→ *Guarda*). Es gibt das doppelte Wellenband unter dem Dach, in dem sich die Seele des Verstorbenen reinigte, wenn sie durch das kleine Loch beim Giebel entwich. Das Sonnenrad. Die Muschel. Den Drachen, den Fisch, den Delfin. Die doppelgeschwänzte Wasserkönigin oder Meerjungfrau. Lebensbaum, Granatapfel und Nelke. Es sind Bilder der Fruchtbarkeit, des Abwehrzaubers auch. Zeichen eines bäuerlichen Memento mori: Bedenke, dass du sterblich bist. Und deshalb lebst. Diese dicken Häuser waren Tempel des Alltags. Wer in ihnen wohnte, glaubte an das, was er säte und erntete, an die Tiere, für die er sorgte, damit sie ihn ernährten. Rituell umgab er sich mit seinen helfenden Bildern und durfte bei aller möglichen Unbill (Krieg, Feuersbrunst, Missernte, Kindstod) in seinen Mauern doch sicher sein. Jedenfalls mag uns das heute so scheinen – in einem melancholischen Blick zurück –, kann man doch kaum ohne Ehrfurcht an diesen zugleich stolzen wie demütigen Bauernhäusern vorübergehen (demütig, weil sie nie protzig sind; stolz, weil sie auf ihrer eigenwilligen klaren Schönheit beharren).

Manche Häuser sprechen auch in Worten. Sie tragen Inschriften und halten fest, wer sie erbaute, wann sie abbrannten, wer sie renovierte. Die einen möchten dem Passanten eine Rat für sein Dasein, einen Wink mitgeben: »Meis ögl guarda / vers Plaz / pensand als temps / passats / ma eir cun ferma spranza / da nouva cumünanza.« (»Mein Auge schaut auf den Platz und denkt an die vergangenen Zeiten, aber auch mit der starken Zuversicht auf eine erneuerte Gemeinschaft.«) Oder: »La via as sparta / at ferma pedun / piglia la dretta direcziun.« (»Die Strasse teilt sich, Wanderer halte inne, nimm den richtigen Weg.«) In Sent gibt es ein Haus, das auf seiner Fassade eine ganze Geschichte erzählt. Sie endet mit der Bitte (in deutscher Übersetzung):

Gott gebe uns den Geist, zu jedem gerecht zu sein, und er behüte uns vor weiteren Unglücksfällen in unserer Gemeinde. / Erbaut im Jahr 1824 / Chiaspar Johan Bardolla / Sohn des Johan Bardolla.

Was war geschehen? Am 31. Oktober, abends um 19 Uhr, brach im Dorfteil Curtin ein Feuer aus, und 73 Häuser brannten nieder. Frau Bardolla wurde vom örtlichen Gericht der Brandstiftung bezichtigt; die nächsthöhere Instanz aber sprach sie mangels Beweisen frei. Ihr Gatte, der Rekurs eingelegt hatte, baute daraufhin das Haus wieder auf, schrieb die Geschichte über die Tür und verzierte die Fassade mit gemalten duftigen Blumenranken. In der Mitte, zwischen zwei Wappen, liess er ein sich küssendes Paar darstellen. So zeigte er seine Solidarität mit seiner Frau.

Immer wieder stösst man im Engadin, im Val Müstair auf poetische Hausinschriften, die Lebensweisheit vermitteln. »La giassa es stipa / at ferm ün mumaint / la prescha dal muond / nu 't renda cuntaint.« (»Die Gasse ist steil, / bleib einen Augenblick stehen, / die Hast der Welt / macht dich nicht glücklich.«) Dieser Spruch in Sent stammt vom Romanisten und Mitbegründer von »Radio e Televisiun Rumantscha«, Jon Pult (1911–1991), und er gefiel so, dass er in gut einem Dutzend Dörfern als Hausinschrift auftauchte. Oder, in Valchava: »Guard' adüna / disch il sulai / la furtüna / chattast in tai.« (»Gib immer acht, sagt die Sonne, / das Glück findest du in dir selbst.«) In Santa Maria lesen wir an einer Webstube: »Svess tessü e svess cusi / dà plü bel vesti.« (»Selbst gewebt und selbst genäht / gibt das schönste Kleid.«) Von der sinnvollen Einrichtung der Natur, die jedem das Seine gibt, handelt ein Spruch in Zuoz: »Il paur vuless / plövgia / il giast sulagl / dalander l'ora es variabla.« (»Der Bauer möchte Regen, / der Gast Sonne, / deshalb wechselt das Wetter.«) Und Tschierv, die kleine Gemeinde im Val Müstair, lädt die ganze Welt zu sich ein: »Gnivat sur / munts o / nan dals / mars sajat / bainvgnüds / vus sours / e frars.« (»Kommet über Berge oder herbei von den Meeren: / Seid willkommen, ihr Schwestern und Brüder!«)

Es scheint auch Diskussionen um die Hausinschriften gegeben zu haben. Im kleinen Unterengadiner Dorf Vnà auf 1600 Meter Höhe, das, weil man es von der Strasse unten nicht sehen konnte, niemals von durchziehenden Truppen gebrandschatzt wurde, stehen noch sehr alte Höfe. Hier lebte Gudench Barblan, der Texter der Engadiner Hymne »Chara lingua da la mamma« (→*Allegra*). Sein schön renoviertes Haus trägt eine Inschrift von 1777. Es sind gereimte religiöse Überlegungen zur Endlichkeit eines irdischen Hauses im Vergleich zur Pracht und Ewigkeit der kommenden himmlischen Wohnungen. Darunter aber steht der Zusatz: »Scha ad alchun plasches quest carmen da taxar: ün bler plü bel sot via ha'l liberta da far.« (»Gefällt es einem, über dieses Lied zu richten, so soll er drunter doch ein schöneres erdichten.«)

Und was erzählen die dicken Häuser in ihrem Innern? Sie erzählen von einem engen und gut organisierten Zusammenleben von Mensch und Tier. Ein rundes Holzportal mit in Querrichtung zweigeteilter Türe (im Sommer bleibt die obere Hälfte gern offen) führt in den Piertan (oder Suler), den grossen Innenflur. Von hier aus konnte der Heuwagen weiter hindurchfahren bis in den angrenzenden Heustall hinein. Heute ist dieser Heustall meist entweder abgerissen oder ausgebaut, etwa für eine Ferienwohnung, ein Atelier. Von aussen erkennt man ihn an seinen hölzernen, zwischen gemauerten Eckpfeilern liegenden Wänden, die von Lochmustern, gesägten Luftlöchern, durchbrochen sind. Unter dem Heustall lagen einst die Ställe für die Tiere (Kühe, Schafe, → *Ziegen*). Heute wird der Raum in der Regel als Garage oder Arbeitsraum genutzt.

Der ebenerdige, hohe Piertan war nicht nur Passage für den Heuwagen, sondern bot den Kindern Raum zum

Spielen (manchmal mit einer frei schwingenden Schaukel). Man konnte gröbere Heimarbeiten erledigen, etwas reparieren; bei festlichen Gelegenheiten liess sich der Piertan schnell in einen Tanzboden verwandeln. Platz war genug, um Wagen, Schlitten, Gerätschaften unterzubringen oder Ernteprodukte zu lagern. Er war auch Voliere und erlaubte eine besondere Wohngemeinschaft von Mensch und Tier, wenn Rauchschwalben an die Querbalken der Decke ihre aus Kot gemörtelten Nester klebten. (Die kleineren Mehlschwalben nisteten draussen an der Mauer unter dem Dach.) Damit die Schwalben – einem alten Volksglauben zufolge segenstiftende Vögel – ihre Freiheit geniessen konnten, brachte man ihnen oben am Haustor ein Ein- und Ausflugloch an. Die Katze hatte unten ihre ins Holz gesägte Luke.

Vom Piertan zweigte die Stube (»stüva«) mit gemauertem Ofen und Ofenbank ab. Dieser Ofen war das Herz des Hauses. Er befeuerte nicht nur den meist mit Arvenholz verkleideten Raum (es gibt eine Spanne von einfachen Stuben bis hin zu Kunstwerken mit vielfarbigen Intarsienarbeiten aus verschiedenen Hölzern). Eine Durchreiche verband ihn mit der angrenzenden Küche (»chadafeu«), von der aus der Stüva-Ofen beheizt wurde. Diesen gemauerten Ofen umgab eine leichte Holzumrahmung (»tournapigna«, wörtlich: »um den Ofen herum«). Im oberen Teil waren zu öffnende oder auch entfernbare hölzerne Gitter angebracht, manchmal auch ein Vorhang, über die sich der Weg der Wärme regulieren liess. Gitter weg – und alle heisse Luft kam in die Stüva. Gitter dran – die warme Luft stieg nach oben. Denn jetzt wurde es abenteuerlich: Im Ofen gab es eine Deckenklappe hinauf in ein Schlafzimmer. So war der Ofen auch eine Passage. Er liess sich mit einer schmalen Eingangstür öffnen. Eine kleine Steintreppe führte einige Stufen hinauf bis zu zwei an der Wand befestigten

Holztritten. Direkt über diesen Holztritten befand sich die Klappe. Wurde sie geöffnet, kam die Wärme zu den Betten. Und für manche alten Engadiner ist es noch heute selbstverständlich, über den Stüva-Ofen, durch die Klappe, ins Bett zu gehen. Der Ofen taugte zum Trocknen kleiner Wäschestücke, zum Herstellen von getrockneten Apfelschnitzen oder auch nur dazu, sich einmal ganz schnell aufzuwärmen. Im Engadinerhaus wurde keine Wärme vergeudet. Durch Sorgfalt (→ *Premura*) war ein sinnvolles Niedrigenergiehaus geschaffen worden. Noch die Körpertemperatur der Tiere konnte in dieser Wohngemeinschaft genutzt werden. Ein Senter erzählte mir, wie es in seinem Haus auf einmal Minusgrade gab, als er keine Schafe mehr hatte.

Das Engadinerhaus ist eine Kulturleistung, die den Slogan eines Mannes vorwegnimmt, der die ersten Hochhäuser konzipierte: »Form follows function.« Es bleibt flexibel, es wandelt sich. Der Prototyp ist einfach: zwei Türen, zwei Rampen. Fallende Rampe hinunter zu den Tieren, zum Misthaufen. Steigende Rampe zum Piertan, mit abzweigender Küche, Stüva, Vorratskammer (»chaminada«); über der Stüva, aber durch den betretbaren Ofen mit ihr verbunden, das darüberliegende Schlafzimmer. Die Niveauunterschiede im Haus wurden durch individuelle Lösungen überwunden, mit Stufen, Rampen, schrägen Böden. Die Grundform kann durch An- und Umbauten vielfältig ergänzt werden. Architekten sprechen vom »Additionsprinzip«. Man fügt hinzu, was man braucht, und passt es an.

Engadiner Bauernhäuser sind dunkel. Ihre Fenster liegen tief in sich nach aussen trichterförmig öffnenden Mauernischen, das garantierte maximalen Lichteinfall bei minimalem Wärmeverlust. Da die Häuser nah beieinanderstanden, war direkter Sonneneinfall rar. Lange glaubte ich, was immer wieder geschrieben wird, dass die Häuser auch deshalb dunkel sind, weil die Heuställe – und nicht etwa die Stuben – nach Süden schauten, damit das Heu besser trockne. Das stimmt nicht. Wer aufmerksam durch alte Dorfteile geht, wird sehen, dass die Bauernhäuser auf die Gasse ausgerichtet sind, auf die Plätze, auf die Brunnen. Man wollte einander sehen, miteinander in Kontakt sein. Die Häuser schauen sich an; deshalb haben die einen die Heuställe gegen Süden, die ihnen gegenüberstehenden aber haben sie Richtung Norden. Zwischen den Haustüren und den etwas tiefer gelegenen Stalleingängen gibt es oft eine Mauer, die als Bank ausgebaut ist. Hier sass man und schaute, wer vorbeikam, was passierte. Die Gasse war kollektiver Lebensraum, eng mit dem verbunden, was wir heute Privatsphäre nennen würden. Schliesslich führte sie ja durch den mit einem Heuwagen befahrbaren Piertan tief in die Häuser hinein. So nahm man die Gasse nach Hause und war auf seiner Gasse daheim.

Heute neigen die jungen Engadiner dazu, lieber auf der Wiese ein übersichtliches, helles Haus mit rechten Winkeln zu bauen, statt das Geld in die manchmal schiefen, verwinkelten, oft dunklen Räume der Ahnen zu investieren. Das ist letztlich auch billiger. In den ursprünglich belassenen Engadinerhäusern leben oft Portugiesen, die zum Arbeiten ins Tal gekommen sind. Viele der schön renovierten Objekte dienen Engadin-Liebhabern aus dem Unterland als Ferienwohnungen oder als Geldanlage.

Einige Museen widmen sich dem Engadinerhaus. In der Chà Gronda in Scuol Sot befindet sich das wunderbare »Unterengadiner Museum«. Hier kann man die Philosophie und Realität des Engadinerhauses, seine Einrichtung und seinen Hausrat studieren. Das »Museum Alpin« in Pontresina zeigt eine Engadiner Stube aus dem 17. Jahrhundert und lässt nachvollziehen, wie aus einem Bergdorf ein Kurort wurde. Im »Engadin Museum« in St. Moritz kann man Mobiliar vom 13. bis zum 17. Jahrhundert sehen und Stuben von ärmeren und reicheren Familien aus verschiedenen Zeiten. Das kleine »Museum Chasa Jaura« in Valchava führt in die Alltagswirklichkeit des Val Müstair. Das ebenfalls in einem Engadinerhaus untergebrachte »Museum Stamparia« in Strada zeigt Schätze vom Beginn des Buchdrucks im Engadin (→ *Bünde im Bergland*) und hat einen Schwerpunkt in der Präsentation der lokalen Musik in Form von Instrumenten und Volksliedsammlungen (→ *Chantar*).

Wer sich in Hausinschriften vertiefen möchte, gehe aufmerksam durch die Dörfer und schaue nach in Max Kettnakers »Hausinschriften. Darstellung und Interpretation einer Alltagskultur im Engadin, Münstertal und im oberen Albulatal«. Über die Zeichensprache der Sgraffiti erzählt Ulrich Vitals zweisprachiger, in mehreren Auflagen erschienener Klassiker »Simbols populars e lur misteri. Volkstümliche Symbole und ihr Geheimnis«.

Engadiner Nusstorte

Wie alle ursprünglich bäuerlichen Küchen ist die Engadiner Küche keine Diätküche. Wer auf 2000 Metern über Meereshöhe körperlich arbeitet, braucht Kalorien. Die Engadiner Nusstorte aber kommt nicht aus der Welt der Engadiner Bauern. Im Engadin wachsen keine Nussbäume, und so viel überschwengliche, sahnige Süsse wäre im kargen Tal zu viel. Die Torte kommt aus Italien. Sie war ein Mitbringsel der Zuckerbäcker, die einst aus dem armen Tal fortzogen, in Italien (und bald in ganz Europa) ihr Glück suchten mit dem Betreiben von Cafés, Bäckereien, Warenhäusern und, wenn sie es fanden, in den Sommern wie Schwalben zurückkehrten (→ *Randulinas und Randulins,* → *Zuckerbäcker oder Zurückkommen*).

Auch Leta Mosca hat Randulins in ihrer Verwandtschaft (→ *Rätoromanisch*), aber sie hat das Engadin nicht verlassen. Als Lehrerin, Chorleiterin, Mitarbeiterin bei Lehrmitteln setzte sie sich für ihre romanische Muttersprache ein. Mit »L'arch dals custabs« (»Der Buchstabenbogen«) und »L'arch

San Martin« (»Der Regenbogen«) wurden die Unteren-gadiner Schulkinder liebevoll alphabetisiert. Seit zwanzig Jahren ist die pensionierte Lehrerin und aktive Organistin die Seele der Konzerte in der Senter Kirche. Manche der lokalen und internationalen Künstler (die immer wieder hier spielen) kommen nicht wegen des Honorars, sondern weil sie in Sent auftreten dürfen. Und: weil Duonna Leta ihnen eine selbst gebackene Engadiner Nusstorte schenkt. Es sei erwähnt, dass auch Hans Magnus Enzensberger nach seiner Lesung in Sent im überfüllten Gemeindesaal die Nusstorte von Duonna Leta wie einen Siegerpokal über sein Haupt hielt.

Auf dem Küchentisch hat sie bereitgestellt: 470 Gramm Mehl, 300 Gramm Zucker für den Teig und noch einmal 400 Gramm Zucker für das Karamell, daneben 300 Gramm Butter, 400 Gramm Walnüsse, 4 Deziliter Sahne. Ein Glas Honig (davon wird sie einen Esslöffel brauchen). Und ein kleines Ei. Diese Mengen reichen für zwei Engadiner Nuss-torten in Springformen von etwa achtzehn Zentimeter Durchmesser. »Davon gehen zwei nebeneinander in den Ofen.«

Vor dem Fenster glänzt das herbstliche Kirschbaum-gezweig, das Nadelgrün einer alten Arve, silbern das Laub von verblühter Clematis alpina. Ein warmes Nachmittags-licht fällt herein auf Duonna Letas Hände, die das abge-wogene Mehl auf die Holzplatte des Tischs schüttet, den Zucker dazugibt und den Butterblock mit dem Küchen-messer halbiert. Sie schneidet kleine Stücke von dem hellen Quader ab, den sie immer wieder in Mehl wendet, damit die Finger nicht am Fett kleben bleiben. »Jedes Mal«, sagt sie, »wird es anders; es fühlt sich unterschiedlich an, je nachdem, ob die Luft feuchter ist oder trockener.« Und wenn ihre En-kelinnen mitbacken, ist die Butter immer sofort weich. Die

Kinder haben so warme Hände! »Jetzt darf ich die Prise Salz nicht vergessen«, sie schaut sich um. Was sie aus dem Salztopf nimmt, ist in etwa ein halber Teelöffel. Sie lässt Mehl, Zucker, Butter langsam durch ihre tastenden Finger gleiten, als prüfe sie die Substanz, die sich unter dem Druck der Fingerspitzen ändert. Es bilden sich flache, butterne Schuppen, die von den offenen Händen herunterrieseln. Frau Holle muss eine Engadiner Nusstortenbäckerin gewesen sein.

Duonna Leta drückt eine Kuhle in den Flockenberg und gibt ein Ei hinein. Dann schlägt sie die Masse über dem rohen Ei zusammen, als wolle sie es einpacken. Sie knetet das Gebilde vorsichtig. Langsam entsteht ein Teig, den sie weiter knetend zu einer dicken Rolle formt. Sie hat Quadrate aus Backpapier vorbereitet. Nun schneidet sie eine Scheibe vom Teig ab: Das wird ein Deckel. Sie drückt ihn auf ein Backpapierquadrat, stäubt Mehl darauf und wellt aus (unter Umdrehen und nochmaligem Bestäuben), etwa drei bis vier Millimeter dick. Sie legt den Boden der Springform darauf und schneidet den Rand entlang einen Teigkreis aus. Der abgeschnittene Restteig kommt zur Seite. »Den brauche ich später noch.« Sie legt den Metallboden weg und schneidet etwa einen Millimeter vom Teigrand ab. Denn diese Scheibe wird ja der Deckel, nicht der Boden, also muss die Teigstärke des Rands abgezogen werden. Natürlich könnte man den Teig, der zu viel ist, leicht umschlagen. Aber das will Duonna Leta nicht. Nun sticht sie mit der Gabel wiederholt in die Kreisfläche, damit später die Luft entweichen kann. Der Deckel kommt ins Gefrierfach des Kühlschranks. Mit einer zweiten Teigscheibe verfährt sie ebenso. Dann sind die Böden dran: Scheiben aufs Backpapier gedrückt, mit Mehl bestäubt, ausgerollt, gewendet, bestäubt, ausgerollt. Sie löst die Teigböden vom Backpapier und legt sie in die Springform. Mit kleinen Teigstückchen, die sie etwas flachdrückt, baut sie in der Backform einen etwa drei Zentimeter hohen Teigrand auf. »Man kann auch Streifen auswellen und dann anlegen, aber das mache ich nicht.« Sie öffnet die zwei Tüten mit Walnüssen, die in der Schweiz »Baumnüsse« heissen und auf Romanisch »minzs da nuschs« (Nusskerne), bricht sie und füllt die mit Teig ausgelegte Form.

Leta war achtzehn, als sie ihren Mann kennenlernte. »Mit meiner Schwester war ich bei einer Theateraufführung in Sent; der Dichter und Lehrer Armon Planta hatte das Stück einstudiert. Und wir sassen da, ganz gespannt, und da kam ein Mann auf die Bühne. Und ich dachte: Der! Der ist es.« Nach der Aufführung habe er mit anderen getanzt und sie nicht beachtet. Aber eine Woche später gab es eine Taufe, sie war Gotte, und ihr Cousin war Götti. Und sie gingen hinterher ins Hotel Conrad in Scuol Suot tanzen. Und da war er auch. »So haben wir uns kennengelernt.« Leta Gaudenz aus Scuol heiratete mit 23 Jahren den 31-jährigen Revierförster Carl Mosca aus Sent. »Die Wiese hatten wir als Vorerbe bekommen. Mein Mann zeichnete das Haus und beaufsichtigte den Bau, so war es viel billiger. Bis vor sieben Jahren haben wir mit Holz geheizt. Meist mit Tannenholz. Das Lärchenholz war sehr begehrt.« Warum? »Ja, das brennt länger und wärmt mehr. Das wollten alle haben, aber es war schnell weg. Und jeder durfte nur einen Klafter kaufen.« Duonna Leta ist aufgestanden. Seit 54 Jahren wohnt sie in diesem Haus am Dorfrand, am Hang.

Hinter dem Fenster, über dem Herd, auf den sie jetzt die Eisenpfanne stellt, grasen → *Ziegen*. »Nein, das sind nicht die Ziegen von Albin, das heute sind die Ziegen von Töna.« Die Eisenpfanne, in die sie Zucker schüttet, stammt noch aus ihrer Aussteuer. Nun muss man rühren. Mit einem Holzlöffel? »Ja, aber du darfst keinen nehmen, den man für Zwiebeln braucht.« Die Platte ist auf heiss gestellt. Schnell bekommt der weisse Zucker flüssige, dunkle Ränder. Ab und an muss Leta die karamellisierende Masse mit dem Messer vom Löffel abstreichen. Der Zucker darf nicht zu dunkel werden, sonst wird er bitter. Als nur noch wenige Zuckerklümpchen in der Flüssigkeit schwimmen, nimmt sie die Pfanne von der Platte und rührt ohne Hitze weiter, bis auch sie verschwunden sind. Die Schmelzmasse hat nun die Farbe der Lärchen auf dem Höhepunkt ihres herbstlichen Goldes, bevor sie zu einem Rostton abstumpfen, der in das rötliche Grau ausblasst, mit dem die Nadeln dann von den Zweigen fallen.

Duonna Leta schraubt das Honigglas auf und gibt einen grossen Löffel Honig in die heisse Masse, die sofort sprudelnd aufschäumt. Sie rührt. Schluckweise gibt sie nun flüssigen Rahm dazu. Die Masse brodelt schaumig, ein sahniger Vulkan. Und rührt weiter. Die Zuckerlava wird milchig heller. Als aller Rahm verrührt ist, gibt sie die Pfanne noch einmal auf die Platte und lässt alles unter Rühren etwas eindicken. Nun stellt sie den Backofen an. Und rührt weiter. Bis sie sieht, dass die Karamellmasse die perfekte, dickflüssige Konsistenz hat. Sie nimmt die schwere Pfanne mit beiden Händen und trägt sie zum Tisch, wo die beiden Backformen stehen wie Nussnester. Sie giesst das Karamell über die Nüsse in die Formen. Sie holt die kalten Deckel aus dem Gefrierfach, nimmt sie vom Backpapier und legt sie auf die mit Karamellmasse bedeckten Walnüsse. Aus dem Restteig formt sie kleine Rollen und legt sie auf die Kantenfugen zwischen metallenem Formenrand und Teigdeckel. Beim Backformrand ansetzend, drückt sie die abdichtende Teigmasse mit einer Gabel an. Das gibt ein kleines

Streifenmuster, als strahle die Nusstorte. Nun sticht sie noch einmal in die bereits gestochenen Gabellöcher, damit beim Backen die Luft sicher austreten kann und der Deckel sich nicht wölbt. Ein bisschen Teig bleibt übrig. »Aber das ist besser, als wenn du zu wenig hast und dann noch Teig nachmachen musst.« Die Torten werden zunächst zwanzig Minuten bei 200 Grad, dann noch einmal dreissig Minuten bei 180 Grad gebacken.

Am Hang laufen die Ziegen vorbei. Eine letzte Rose trägt ihren dunkelroten Blütenkopf. Habt ihr die Engadiner Nusstorten zu Weihnachten gegessen oder das ganze Jahr über? Sie überlegt. »Eigentlich haben wir sie gar nicht gegessen, wir haben sie verschenkt. Die Nusstorten waren Geschenke, zum Verschicken. Selbst gegessen haben wir eher das Birnenbrot, das Pan grond.«

Leta Mosca hat schon früh und dann ihr Leben lang Kinder unterrichtet. Sie war zwanzig, als sie einer Gesamtschule im kleinen Weiler Dutjen (bei Valendas) vorstand, sieben Klassen, zwölf Schüler. »Wir hatten eine Wandtafel, sonst nichts.« Dann zwei Jahre in St. Moritz. In Sent hat sie als junge Mutter Vertretungen gemacht. Als ihre älteste Tochter in die Schule kam, begann sie, als fest angestellte Lehrerin zu arbeiten. Heute fährt sie regelmässig zu ihren Enkelinnen nach Chur. »Ich fand es wichtig, das Selbstvertrauen der Kinder zu stärken. Jedes Kind ist etwas Besonderes, jedes soll einmal einen Ort haben, wo es brillieren kann. Und am Abend eines Schultages habe ich mir immer Gedanken gemacht: Hast du alle drangenommen oder nur die, die sich vordrängten?« Vor 35 Jahren hat Leta Mosca die Senter Gemeindebibliothek mitgegründet, in der sie noch heute zusammen mit fünf Senterinnen arbeitet.

Sie sieht zur Uhr. Und steht auf. Sie nimmt die Nusstorten aus dem Ofen. Sie sind knusprig und knistern vor

Hitze. Mit dem Strahlenkranz der Gabelspuren sind sie kleine Sonnen. Duonna Leta schaut noch einmal auf die Uhr: »Siebzig Minuten! Zwei Stück in siebzig Minuten, das ist nicht schlecht.« Und sie schenkt mir eine Nusstorte zum Abschied.

Engländer

Mit ihrer Bergbegeisterung haben die Engländer nicht nur den Alpinismus erfunden, ihre Sportleidenschaft brachte auch den Wintertourismus ins Engadin, zunächst nach St. Moritz. Dies konnte gelingen, weil eine visionäre Engadiner Hoteliersfamilie bereit war, sich auf die seltsamen Gäste von dem fernen Eiland einzustellen.

Noch 1853 klagte Richard Wagner, der im Zuge der 48er-Revolution in die Schweiz emigriert war und mit seinem sozialrevolutionären Dichterfreund Georg Herwegh (»Alle Räder stehen still, wenn dein starker Arm es will«) drei Wochen in St. Moritz kurte, er müsse »mit dem wildesten Unterkommen vorliebnehmen«. Er wohnte in der Pension Faller, einer Familienpension mit zwölf Betten, die wenig später Tourismusgeschichte schreiben sollte.

Doch von Anfang an. Ab den 1830er-Jahren datiert die zunehmende Erschliessung des Tals für Kurgäste. Als mutiger und intelligenter Pionier gilt Johannes Badrutt (1791–1855), ursprünglich ein armer Kleinbauer und Säumer aus dem Schanfigg, der wegen der Hungersnot seine Heimat verlassen musste. In Samedan arbeitete er sich zügig zum Bauunternehmer hoch. Als er den kommenden touristischen Zeitgeist witterte, begann er, mit seiner Frau in seinem Wohnhaus Zimmer für Gäste zu vermieten. Im oberen Stockwerk richtete er den ersten Tanzsaal des Engadins ein. Sein Anwesen wurde auch als Wiege der Engadiner Hotellerie bezeichnet.

1836 baute Johannes Badrutt in Samedan eine Baustofflagerhalle, das »Werk- und Handelshaus« (mit dem noch heute zu sehenden auffallenden Rundgiebeldach). Sein Sohn Johannes Badrutt jr. (1819–1889) verwandelte die Halle später in ein Kaffee- und Gasthaus, das Hotel »A la Vue de Bernina«. Es florierte; aber Johannes Badrutt beobachtete, dass die Zukunft des Tourismus weniger in Samedan als im Bäderort St. Moritz lag (→ *Mineralquellen*). Zunächst mietete er die einfache Zwölf-Betten-Pension Faller, über deren mangelnden Komfort Richard Wagner so geklagt hatte. Nun stand er mit einem Fuss in St. Moritz, und das war entscheidend. Bald kaufte er das Anwesen, nannte es »Engadiner Kulm« und investierte bis zu seinem Tod in seinen luxuriösen Ausbau.

In den Sechzigerjahren setzte der Zustrom englischer Gäste ein. Nun gibt es diese Geschichte, die immer wieder erzählt wird, wenn vom Beginn des Wintertourismus im Engadin die Rede ist. Johannes Badrutt also soll im Herbst 1864 sechs Londoner Gäste, die nun wieder in den Nebel und Wintersmog reisen würden, mit einer Wette provoziert haben. Hier im sonnigen Engadin, versprach er, sei auch der Winter hell und warm. Sie sollten kommen und sich das ansehen! Und falls sie im Winter in St. Moritz nicht hemdsärmelig auf der Sonnenterrasse sitzen könnten, würde er sie zu dem Ferienaufenthalt einladen und auch noch die Fahrkarten zwischen London und dem Engadin bezahlen. Die Engländer nahmen an. Sie kamen, staunten und genossen. Reisten im Frühling lichtglücklich und braungebrannt in den Londoner Smog zurück. Und erzählten vom Wunder von St. Moritz. Das Eis war erobert.

Bald war Badrutt der wichtigste Arbeitgeber des Dorfs und zudem einer der mächtigsten Grundstücksbesitzer der Region. Ihm gehörte ein Grossteil des Silsersees (das Kulm-Hotel war immer ausreichend mit Forellen versorgt). Badrutt wagte den Ganzjahresbetrieb (in seinem Hotel gab es Wasserklosetts, hydraulische Lifte und vor allem eine Warmluftheizung) und war dadurch im Vorteil gegenüber den Kurhotels in St. Moritz Bad, die im Winter geschlossen blieben. Auf der Weltausstellung 1878 in Paris hatte er eine elektrische Beleuchtungsanlage gesehen; im Sommer 1879 brannte die erste elektrische Bogenlampe im Speisesaal des Kulm; sie war der Beginn der Elektrifizierung der Schweiz.

Badrutts Strategie zielte darauf, St. Moritz Dorf, das »viel sonniger, stets trockener und geschützter« sei »als die Talsohle, wo die Bäder liegen«, konsequent als Luftkurort anzupreisen. Was zuerst sein Nachteil war – die Höhenlage, die seinen Gästen den Weg hinab zu den Trinkhallen zumutete –, sollte sich als Vorzug erweisen: Seine Gäste wohnten beinahe in einer anderen Klimazone, in »höchster Licht- und Sonnenfülle«! 1896 fuhr dann die erste Strassenbahn der Alpen von St. Moritz Dorf hinunter zum Bäderzentrum.

Badrutt war verheiratet mit der Schwester des St. Moritzer Kurarztes (und Malers) Peter Berry. 1879 liess er das Kulm-Hotel mit der Praxis seines Schwagers verbinden und verfügte damit über die erste Telefonleitung des Engadins. Seine anspruchsvollen Gäste schätzten es. Der Service des Kulm war exzellent, das Ambiente besonders. Richard Wagner war einfach zu früh gekommen. Nun speiste man an langen, weiss eingedeckten Tischen, das Silber kam aus London. Bilder zeigen eine von der Decke hängende englische Fahne. Manchmal spielte das Orchester der Mailänder Scala. Die Briten, die grösste Klientel, durften am offenen Kamin in zwei englischsprachigen Zeitungen, »The St. Moritz Post« und »Engadin Express & Alpine Post«, blättern.

Bis zum Ausbruch des Ersten Weltkriegs war St. Moritz zu einem Treffpunkt des europäischen Hoch- und Geldadels geworden. Das Kulm-Hotel sollte von Johann Badrutts Sohn Peter weitergeführt werden; Sohn Caspar (1848–1904) stieg wegen Erbstreitigkeiten aus und eröffnete 1896 das Palace Hotel (→ *White Turf*).

Heute gehört das Kulm der griechischen Reederfamilie Niarchos. Stavros Niarchos (1909–1996), der legendäre »Tankerkönig«, hatte in den Fünfzigerjahren begonnen, in St. Moritz zu investieren, 1970 erwarb er das Kulm-Hotel als Glanzstück seiner damals schon zahlreichen Besitzungen im Oberengadin. Der grösste Grundeigentümer und Arbeitgeber der Region war auch karitativ tätig; die nach seinem Tod gegründete Niarchos-Stiftung führt dieses Vermächtnis fort. Sie finanzierte unter anderem die Renovierung der Kapelle des zum UNESCO-Weltkulturerbe erklärten Klosters St. Johann in Müstair.

Die Belle Époque in den Schweizer Alpen war international. Doch die Engländer, Vertreter einer Sportnation, drückten ihr selbstbewusst ihr britisches Siegel auf. Am Anfang stand das Eislaufen. Bald gehörte zu jeder grösseren Hotelanlage ein Eislaufplatz. Man feierte Karneval auf dem Eis, es folgten internationale Eislaufmeisterschaften. 1880 führten die Schotten das Curling, das Eisstockschiessen, ein. Nun begann auch die hohe Zeit der britischen Schlittenkunst im Schweizer Gebirge. Franklin Adams, einer von

Badrutts Gästen, ermunterte den Patron, eine spezielle Bahn aus festgetretenem Schnee vom Kulm hinunter zum See anzulegen. Als immer mehr Gäste sich für diese Art des Schneerutschens begeisterten, investierte Badrutt erneut und baute 1884 nach Plänen eines englischen Ingenieurs den »Cresta Run« von St. Moritz nach Celerina. Das war nun aber eine Eisbahn, die mit den herkömmlichen Schlitten kaum zu bewältigen war. So entwarf man jenen extrem niedrigen, bäuchlings mit dem Kopf voraus zu steuernden Schlitten, der als Vorläufer des Skeletons gilt.

1895 kamen tollkühne Engländer auf die Idee, die Strasse zwischen St. Moritz und Celerina mit einem aus dem Skeleton weiterentwickelten Bob abzufahren. Um der grösseren Sicherheit willen baute man etwas abseits der Strasse eine neue Strecke, die bald zu einem wichtigen Bestandteil des Mythos St. Moritz wurde, den 1904 eröffneten »Bobrun« (offizieller Name heute: »Olympia Bobrun St. Moritz–Celerina«). Dieses Kunstwerk, das jedes Jahr neu aus Schnee und Eis gebildet wird, ist die einzige Natureisbahn weltweit. Das Bobrennen wurde der erste durchreglementierte alpine Wintersport und war damals auch die schnellste menschliche Fortbewegungsart. Höhere Geschwindigkeiten erreichten für Sekunden allenfalls die Skispringer auf den ebenfalls bald nach 1900 gebauten Schanzen in St. Moritz (Julierschanze, 1906), Pontresina, Maloja und Zuoz. Mit den Engländern war der Speed ins Tal gekommen. Und das sportliche Fair Play. Noch heute wird auf den Eisbahnen Englisch gesprochen.

Fluors

Bei der Auffaltung der Alpen kam es im Unterengadin auf einem Talabschnitt von etwa 55 Kilometern zu besonderen Verschiebungen von Gesteinsschichten. Ab dem Gebiet von Tarasp bis gegen Tirol hin traten über der ostalpinen Decke penninische Schichten und Schuppen zutage. In diesem sogenannten Engadiner Fenster gibt es eine Fülle von Blumen, die nur hier wachsen. Unregelmässig stattfindende »Wiesenmeisterschaften«, bei denen die Bauern ihre Wiesen von Biologen begehen lassen, machen auf die Vielfalt der Blumen und Gräser aufmerksam. Es liegt in der Hand der Bauern, wie bunt sie ihre Wiesen werden lassen. Weniger düngen und später mähen bedeutet grössere Vielfalt. Dieses Blumen-Futterheu aber macht die Kühe nicht unbedingt fetter. Es rechnet sich nicht sofort. Wenn bei den Wiesenmeisterschaften die artenreichsten Wiesen prämiert werden, soll damit eine Wertschätzung für die Schönheit dieser nicht maximal rentablen Agrarflächen zum Ausdruck kommen. Landschaft ist ein Produkt, das man nicht importieren kann.

Gemessen werden Parzellen von vier auf vier Metern. Die Siegerwiesen tragen auf dieser kleinen Fläche mehr als sechzig verschiedene Arten.

So grüssen wir: den Wiesenkerbel, den Gewöhnlichen Glatthafer, die Weiche Trespe, den Wiesen-Kümmel, das Wollige Honiggras, die Feld-Witwenblume, das Italienische und das Englische Raigras und die Timothe. Wir verbeugen uns vor der Grossen Bibernelle, dem Wiesenrispengras, dem Scharfen Hahnenfuss, dem Wiesen-Sauerampfer und vor dem Goldhafer auch. Wir preisen den Gamander Ehrenpreis wie den Alpen-Wundklee, die Fiederzwenke, die Knäuel-Glockenblume, die Frühlings- und die Berg-Segge, die Krausblättrige Silberdistel wie die Stängellose Kratzdistel. Es rührt uns die Wilde Möhre wie die Karthäuser-Nelke, der Schafschwingel, das Echte Labkraut und das Grossblütige Sonnenröschen, das Kleine Habichtskraut, der Hufeisenklee. Wir staunen über die Pyramiden-Kammschmiele, die Gewöhnliche Esparsette, die Kriechende Hauhechel, den Mittleren Wegerich und den Wiesensalbei, den Kleinen Wiesenknopf und den Feld-Thymian. Wohin sich wenden bei so viel Vielfalt von Bergklee, Bunt-Schwingel, Echtem Wiesenhafer und Echtem Wundklee, Violettem Rispengras, Sternblütigem Hasenohr und Fedriger Flockenblume? Und immer weiter wogen und wachsen das Hoppe-Habichtskraut, die Behaarte Kammschmiele, das Knollige Läusekraut, die Betonienblättrige Rapunzel, die Schwefel-Anemone, die Alpen-Aster, das Glatte Brillenschötchen und die Prachtnelke. Sie will nicht enden, die Pracht von Gemswurz-Greiskraut, Alpen-Steinquendel, Doldiger Gänsekresse und Bergdistel. Es wicken und wurzeln und wiegen sich die Scheiden-Kronwicke, das Steinröschen, die Silberwurz, die Schneeheide, der Frühlings-Enzian, die Herzblättrige Kugelblume, das Kriechende

Gipskraut, das Alpen-Sonnenröschen, das Felsen-Kugel-schötchen, der Alpen-Spitzkiel und die segensreiche Teufels-kralle. Lob weiter dem Zottigen Fingerkraut, der Aurikel, dem Trauben-Steinbrech, der Glänzenden Skabiose, dem Dunklen Mauerpfeffer, dem Blaugras, dem Alpen-Berg-flachs, der Rhätischen Flockenblume und der Armblütigen Gänsekresse. Wir sperren Mund und Augen auf vor dem Drachenmaul, dem Kugelköpfigen Lauch, der Astlosen Graslilie, dem Gewöhnlichen Beifuss, dem Hügel-Wald-meister, der Gold-Aster, dem Französischen Tragant, dem Gewöhnlichen Bartgras, dem Gewöhnlichen Natterkopf und dem Blassen Schafschwingel. Und knien uns beschei-den zum Niederliegenden Heideröschen, der Gemeinen Kugelblume, dem Glänzenden Labkraut, dem Florentiner Habichtskraut, der Zierlichen Kammschmiele. Ach, Blauer Lattich und Grauer Löwenzahn! Oh Feinblättriger Lein, Zwerg-Schneckenklee und du, Gewimpertes Perlgras! Nein, wir brechen nicht die Steinbrech-Felsennelke noch das Knollige Rispengras, die Alpen-Hauswurz, den Aufrechten Ziest. Doch wir pflücken den Glatten Löwenzahn für unseren Salat. Grossartige Fülle von Edel-Gamander, Berg-Gamander, Ährigem Ehrenpreis, Rotem Straussgras und Gänseblümchen! Sehen wir, was wir sehen? Den Rot-schwingel, den Gewöhnlichen Frauenmantel, die Rauten-blättrige Glockenblume, den Berg-Kerbel, den Alpen-Kerbel, den Gold-Pippau, den Wald-Storchenschnabel, die Alpen-Mutterwurz, das Wald-Vergissmeinnicht, die Ska-biosen-Flockenblume, die Zypressen-Wolfsmilch, den Wie-sen-Flaumhafer, die Wiesen-Margerite? Erkennen wir das Nickende Leimkraut, den Allermannsharnisch, das Narziss-blütige Windröschen, die Grosse Sterndolde, das Bunte Reitgras, die Straussblütige Glockenblume, den Schönen Schwingel, die Schaft-Kugelblume, das Norwegische Ruhrkraut, den Berg-Bärenklau, das Gefleckte Johanniskraut, die Gelbe Berg-Platterbse, das Blattreiche Läusekraut, das Behaarte Lieschgras, das Gewöhnliche Katzenpfötchen, die Arnika? Wir winken dankend zum Abschied und mit Wehmut der Kleinen Sterndolde, der Bärtigen Glockenblume, dem Getüpfelten Enzian, dem Öhrchen-Habichtskraut, dem Einköpfigen Ferkelkraut, der Weissorchis und dem Schweizer Löwenzahn. Und nehmen, wissend, dass wir durchaus nicht alle aufgerufen haben, ein Zweiglein vom widerständigen Alpen-Klee mit nach Haus.

Glüm

Glanz. Wir leben nun seit neun Jahren im Unterengadin, und das besondere Licht berührt mich immer noch. Obwohl ich es kenne und von ihm weiss, erschrecke ich vor dem Leuchten einer Wiese nach dem Regen, den Abendschatten auf einem Brunnen. Durch die Ost-West-Ausrichtung des Tals haben wir den ganzen Tag Sonne. Wenn sie scheint. Und sie scheint oft. Laut Statistik ist das Engadin mit mehr als 300 Sonnentagen im Jahr die sonnigste Region der Schweiz. Hinzu kommt, dass unser Dorf Sent auf einem Terrassenvorsprung über dem Inn liegt. Wenn die Berge schon lange ihre Schatten auf Scuol unten werfen, malt die Sonne einen späten Glanz auf die weissen Wände unserer dicken Häuser, und wir sehen hinüber zu den Engadiner Dolomiten, deren Gestein zu glühen beginnt.

Aber etwas anderes kommt hinzu. Die Luft ist sehr klar und meist bewegt. Es gibt keine stickige, lastende Schwüle. Die Luft »steht« bei uns nicht. Sie fliesst, flirrt, flimmert. Sie scheint von einer silbern sprühenden Substanz, die alles intensiviert. Sie profiliert die Konturen und verstärkt die

Farben. Ein Holunderbusch mit seinen gefiederten Blättern kann zu einer Explosion von grünem Sprühen werden, seine Beeren zur Glut von schwarzem Vulkangestein.

Manchmal am frühen Morgen: Das Dorf liegt noch im Schatten, aber die grauen Flanken der Berge werfen einen metallenen Glanz zurück, und das Weiss der Schneegipfel blendet vor einem planen Himmel von Mangan. Dann sind die Berge nahe Sterne, mit denen der Tag beginnt.

Noch anders ist das Licht in der Weite des Oberengadins mit seinen Seen, in deren vielblauen Spiegeln die Glanzpracht der Schneegipfel noch einmal wiederkehrt. An den Ufern, auf dem Wasser Lärchenschatten. Dieser Landschaft wohnt ein ästhetischer Schock inne. Ein jubelndes Erschrecken, das unser Hiersein preist. Und zugleich an eine Erfahrung von Schönheit grenzt, die dem religiösen Erleben verwandt ist: Mensch werde wesentlich! In diesen Zonen konnte Nietzsche den Satz formulieren: »Gott ist tot.« Hat er für die Kühnheit den Rückhalt des überirdischen Leuchtens gebraucht? Es ist kaum möglich, in den Lichtregionen des Engadins zu sein, ohne sich seiner eigenen kleinen Existenz bewusst zu werden. Vielleicht hat das Hochtal deshalb so viele Künstler angezogen, die hier die alten menschlichen Fragen stellten nach Liebe und Tod und der ewigen Vergänglichkeit.

Wem dieses Licht vertraut ist, der wird von nun an anders sehen. Die Erfahrung von Intensität verändert das Erleben. Wenn ich aus dem Engadin hinausfahre, ins Unterland, habe ich diesen Glanz in mir. Fast wie einen Imperativ. Und unbewusst suche ich ihn auch anderswo.

Guarda

In Guarda gibt es noch viele schöne Engadinerhäuser, aber nicht mehr so viele Menschen. Die Schule ist bereits seit 2005 geschlossen. Eine Zeitlang sollten Familien aus dem Unterland angesiedelt werden. Das klappte nicht recht. Ich erinnere mich an ein junges Paar mit vier Kindern, das einen Bioladen unterhielt. Und wieder ging. Guarda ist gut zu erreichen. Die Rhätische Bahn hält im Stundentakt am Bahnhof unten beim Örtchen Giarsun, an der Talstrasse. Von da fährt das Postauto. Man kann auch in etwa dreissig Minuten hinaufwandern. Es gibt immer noch den sehr schönen Kunstgewerbeladen von Regula Verdet. Aber sie möchte ihn bald schliessen, um sich mehr ihrer Malerei widmen zu können. Aber hier und dort keimen in den siebzig Häusern um die alte Kirche mit dem kleinen Friedhof wie scheue Sprossen frische Ateliers auf. Regelmässig finden in Guarda kunsthandwerkliche Märkte mit Bewirtung statt. Sie sind etwas Besonderes, und man möchte allen, die hier zeigen, was sie schaffen, etwas vom Geist eines Tredeschin oder Schellen-Ursli (→ *Kleine Helden*) wünschen.

Man kann vom Dorf aus ins Tuoi-Tal hineinlaufen, immer den Piz Buin im Blick, über die Ziegenalp, wo es frischen Käse gibt, bis zur Tuoihütte. Und hier Touren beginnen. Oder nach Lavin hinuntergehen und in der romanischen Kirche den wunderbaren dreieinigen Gott mit seinem irritierenden Viel-Augen-Blick ansehen. Und diese Darstellung, ganz und gar gegen die Absicht seines Malers, als ein Bild für die Dreieinigkeit der abrahamitischen Religionen verstehen. Danach gibt es in der alten Bäckerei Giacometti »Ossa da morts«, Totengebeine, ein lebenssüsses Gebäck aus Eiweiss, Zucker und Nüssen.

Die meisten Gäste kommen auf die Sonnenterrasse von Guarda in 1650 Meter Höhe, weil sie das Dorf aus dem »Schellen-Ursli« kennen. In Guarda lässt sich die Geschichte anfassen. Sie suchen das Haus, in dem Ursli wohnt, den Brunnen, um den die Chalandamarz-Buben mit den Glocken laufen. So wird das Erzählte ein Teil ihrer Biografie. Und wenn sie eine Ziege sehen, fällt ihnen vielleicht der Vers ein, der vom fleissigen Ursli sagt: »Auch melkt von seiner lieben Geiss / die Milch er selber schäumend weiss.« Es ist nicht viel anders als mit Nietzsche und Sils-Maria.

Constant Könz geht mit mir durchs Dorf. Schlank, in seiner Cordhose und dem hellen Anorak, ist er ein jungenhafter Mann von 87 Jahren. Sein Vater Jachen Ulrich Könz hat in den Jahren 1939 bis 1945 im Auftrag des Bündner Heimatschutzes etwa dreissig Häuser von Guarda restauriert. Es war das grösste Projekt des 1905 gegründeten kulturpolitischen Vereins zur Erhaltung alter Dorfbilder. Ziemlich genau in diesen Jahren wohnte der Maler Alois Carigiet regelmässig im Sommer für zwei Monate bei der Familie Könz, um Skizzen zum Schellen-Ursli-Text von Selina Chönz zu machen (Selina legte Wert darauf, ihren Namen mit einem »Ch« statt des »K« zu romanisieren). So haben Architektur, aber auch Literatur und Malerei in Form eines Bilderbuchs am Gesamtkunstwerk Guarda gearbeitet.

Constant Könz führt durch die Gassen, er spricht leise, aber es ist wie ein Strom. Das hier habe der Vater gemacht, dieses Sgraffito, und dort und hier habe Steivan ihm geholfen, da wieder sei auch er dabei gewesen. Am Anfang hätten sie als Handlanger gearbeitet und eben gekratzt, wo der Vater es ihnen gesagt habe. Zunächst nur die Linien, die geraden Flächen, die Ornamente, später Tulpenmotive, Blumengirlanden. Das Sgraffito ist eine Freskotechnik. Frischer Mörtel wird auf die Wand aufgetragen, geglättet, dann mit weisser Farbe übertüncht. Solange der darunterliegende Mörtel noch frisch ist, kann man Linien hineinziehen. Man hat also drei Farben: das Weiss der Übertünchung, das Grau, wo man gekratzt hat, und das glatte Grau, wo nicht gekratzt wurde. Die Technik komme aus Italien, aber sie sei uralt. Man finde sie auch in Afrika, in Böhmen, auf der Insel Chios im Ägäischen Meer. Das Sgraffito sei universell. Auf einmal steht Constant auf den Brettern eines eingerüsteten Hauses. Ich komme nach. Wir gehen an der Fassade entlang. Er berührt mit den Fingerspitzen den Verputz. Sein letztes Sgraffito hat er vor vier Jahren gemacht, mit zwei Helferinnen in La Punt. Man habe früher auch mit Schablonen Figuren auf den Mörtel gepaust. Es gebe da etwa Renaissancemotive mit Teufelchen und Engelchen, die finden sich an verschiedenen Häusern in Ardez, Giarsun, La Punt, Samedan. Anderes wieder wurde aus der Hand, aus der Fantasie gezeichnet. All die Tiere, die Delfine, die Steinböcke, die oft Hörner von Ziegen haben, die also den Stalltieren abgeschaut waren. Ich solle einmal nach Cinuos-chel gehen, in dieses Dorf vor S-chanf, dessen

Namen die Leute nicht aussprechen können. Da gebe es noch einige schöne Häuser aus den verschiedenen Epochen. Die ältesten aus dem 16. Jahrhundert.

Dann gehen wir den Pfad am Hang entlang, unterhalb des bunten Hauses von Regula Verdet (die Sgraffiti und Malereien hat sie Mitte der Neunzigerjahre selbst gestaltet, wir konnten sie dabei beobachten, als wir im Haus gegenüber in den Ferien waren) und am Garten des Hotel Meisser vorbei. »Siehst du die Mauer dort?«, sagt er. »Die kennt niemand. 2,50 Meter hoch, 60 Meter lang. Dabei ist sie ein ganz wichtiges Zeugnis der Renaissance des Engadiner Sgraffito. Steivan hat hier mit Schulklassen gearbeitet zwischen 1980 und 1990.« Ich sehe Vulkane von Lineamenten, Wirbel, Phantasmagorien aus geschlungenen Körpern. Wir gehen näher heran. Die Hand des Künstlers mischt sich mit der Hand der Kinder, ein kindlicher Hase, ein Vögelchen, ein Rehkopf schauen zwischen seinen Sternen und Fabelfischen hervor.

Nach und nach erfahre ich auch etwas von Steivan Liun Könz, dessen Arbeiten überall im Engadin, meist im Unterengadin, sofort erkennbar auftauchen. Formen der Fruchtbarkeit, Symbole einer überschwenglichen Erotik, Meerfrauen, Drachen, üppige Girlanden von Blumenleben. Als Selina Meyer, die spätere Autorin des »Schellen-Ursli«, den Vater von Constant Könz heiratete, war sie auf einmal Stiefmutter von vier Jungen. Sie wollte keine Kinder, doch als sie schwanger wurde, hoffte sie auf ein Mädchen. Sie hat Steivan, der in Guarda aufwuchs, die ersten Jahre wie eine Tochter behandelt. Er trug Kleidchen und hatte lange Haare. Der Bub war leicht legasthenisch und nicht der Sieger, den sich Selina vorgestellt hatte. Mit drastischer Härte versuchte die Mutter zu korrigieren, was nicht zu korrigieren war. Nach der Primarschule lebte Steivan zwei

Jahre lang beim Lehrer und Schriftsteller Jon Semadeni, dem Vater von Leta Semadeni (→ *Bergell*), der seine offensichtliche künstlerische Begabung förderte. Bereits als Sechzehnjähriger half Steivan dem Vater bei den Sgraffiti. Wenig später schuf er eigene Arbeiten. Er liess sich zum Maler, auf Wunsch der Mutter auch zum Fotografen ausbilden. In einer Sehnsucht nach anderen Kulturen, Menschen, die anders lebten, unternahm er weite Reisen. Lieben, Ehen, Kinder. Er ignorierte aufkommende Unterleibsschmerzen. Nach einer Reise durch Äthiopien wurde Blasenkrebs festgestellt; er starb 1998 mit 57 Jahren. Sein Nachlass liegt in Guarda, wo er bis zuletzt seinen Wohnsitz hatte. Wer mehr über ihn erfahren möchte, lese die umfassende Monografie von Kathrin Siegfried über den »Geschichtenmaler und Bildererzähler«; das schöne Buch enthält auch Tagebuchauszüge und mehr als 200 Abbildungen und Fotografien.

Immer wieder wurde Steivan gefragt, ob er das Vorbild für den Schellen-Ursli sei, aber das sei Unsinn, sagt Constant. Im »Schellen-Ursli« habe Selina ihre eigene Geschichte erzählt. Sie musste sich durchsetzen gegen neun Männer: die Brüder, den Ehemann, seine vier Söhne und dann auch noch Steivan!

Später sitzen wir bei Constant Könz in Zuoz in der Stube. Er hat mir seine Ölbilder im Nebenhaus gezeigt, abstrakte Farbkompositionen in Öl, immer wieder übermalt, als wüchsen die Bilder in momentanen Farbepisoden zur stimmigen Oberfläche. Die aber wieder geändert werden könne. So blieben sie lebendig. Sie erinnern mich an Moosteppiche, Flechtenmuster aus Licht. Wir waren in seinem Atelier im Souterrain. Zwischen den Farben, den Büchsen mit Pigmenten, den Sträussen von Pinseln lag noch Steivans Palette; an der Wand Farbspuren von ihm.

Constant schenkt »aua forta« ein, Wasser aus einer der
→ *Mineralquellen* von Scuol. Auf dem Tisch liegen einige
seiner gemalten Tagebücher. Ich habe diese Buntstift-
zeichnungen einmal bei einer Ausstellung in der Grotta da
cultura in Sent gesehen. Freundliche quadratische Medi-
tationen, vierzehn auf vierzehn Zentimeter. Er malt jeden
Tag eine in sein Buch. Seit wann? »Schon immer.« Er
bringt die Bücher der letzten Jahre. »Such dir ein Bild aus«,
sagt er. Ich erschrecke. Dann fehlt eines, sage ich. »Es fehlen
schon einige«, sagt er. Ich blättere. »Wenn man beim Malen
zu viel denkt, geht es nicht.« Es sei auch etwas von einem
Glücksspiel dabei. »Oft ist alles falsch an einem Bild, und
das Bild ist gut. Und dann wieder hat man das Gefühl, jetzt
stimmt doch alles, und das Bild ist schlecht.« Er habe immer
ein wenig Heimweh nach dem Aquarell, der Kammermu-
sik der Malerei. Es fällt mir nicht leicht, eines seiner Tage-
buchbilder auszusuchen. Dann entscheide ich mich. Er
nimmt ein Messer und löst das Bild aus dem Buch. Seither
kaufe ich manchmal eines dieser Bilder, als Geschenk oder
nur für mich. Einmal möchte ich bei Constant malen lernen.

Die Churer Kunsthistorikerin Marcella Pult hat ein
dreisprachiges Buch über Constant Könz herausgegeben,
»Ragischs ed alas / Radici e ali / Wurzeln und Flügel«. Es
entstand in enger Zusammenarbeit mit dem Künstler und
erzählt auch etwas über die Glasfenster von Constant Könz
in der Zuozer Kirche San Luzi.

Herbst

Sie renovierten eine Trockenmauer, schreibt mir Aita per Mail. Ob ich mir das anschauen wolle. Entlang eines Weges an den terrassierten Wiesen über Sent schmiegt sich in einem schönen Bogen eine Natursteinmauer an den Hang. Sie stützt die Wiese am abfallenden Rand. Eine Gruppe von Frauen und Männern arbeitet in Latzhosen mit Schutzbrillen, Handschuhen. »Wir haben einen Schotten aus München dabei«, sagt Aita, »und siehst du dort den Koreaner mit Stirnband, er ist aus Genf, arbeitet bei der UNO, und neben ihm der Mann ist Kroate, auch aus Genf.« Ein Zivildienstleistender hilft, ein Lehrer aus Bern, der auch Schreiner gelernt hat, eine Krankenschwester aus Davos. »So eine gemischte Gruppe«, sagt Aita, »dreizehn Personen.« Die Mauer ist fast fertig. Sie haben eine Woche lang daran gearbeitet. Manche machen das zum ersten Mal, andere waren schon öfter dabei. Sie haben Trockenmauern in Guarda gebaut oder anderswo in Graubünden oder im Tessin.

Es ist später Nachmittag. Im warmen Licht stehen, hocken Menschen und diskutieren über Steine. Alte, herabgerutschte Brocken werden verarbeitet, aber auch eine neue Ladung von Flusssteinen aus dem Geröll der Vallatscha beim Val Sinestra. Eine Frau hebt einen Steinbrocken an, kippt ihn unter Einsatz ihres Körpergewichts auf die Seite, betrachtet ihn. Der Zivildienstleistende probiert seine Passform aus, von der einen, dann von der anderen Seite, der Schotte reicht ihm zur Probe einen neuen. Die Krankenschwester aus Davos steht mit einem dritten da. Eine Trockensteinmauer ist ein dreidimensionales Puzzle. Es werden Grundsteine gelegt, Füllsteine eingeschüttet, mit quer gelegten, flacheren Bindesteinen fixiert; mit dickeren Bausteinen beginnt die nächste Schicht. Decksteine schliessen die Mauer nach oben ab. Jeder Stein ist ein Individuum. Der Zivildienstleistende nimmt den Stein des Schotten, prüft, dreht ihn, greift nun nach Hammer und Meissel und schlägt etwas ab. Probiert, schlägt nach. Dreht. Passt. Eine Trockensteinmauer hält ohne Mörtel. Nun wird der Stein der Krankenschwester geprüft, bedacht. Diese Mauer soll solide sein, bleiben. Sie arbeiten Hand in Hand, Stein in Stein. Ein Traktor kommt zurück, er hat verworfene Steine wieder weggebracht, auf seiner Schaufel sitzen zwei blonde Frauen, braungebrannt in ärmellosen T-Shirts, und lachen. »Siehst du die Lärchen«, sagt Aita, »als sie hier mit der Trockensteinmauer anfingen, begannen sich ganz oben am Berg die Spitzen zu verfärben. Jeden Tag kam das Gelb, das Rötliche weiter herunter. Die Farben stiegen herab, und die Mauer wuchs.«

Das Engadin hat einen Indian Summer. Das Grün der Lärchen wird warm; zunächst gelblich, orangefarben, nimmt es einen rötlichen Ton an, wird golden. Dieser Farbwechsel, je nach Höhe und Hanglage in verschiedenen Stadien, scheint aber zugleich die Struktur zu verändern. Die Bäume wirken luftiger. Ihr Gezweig wird zu einem Gefieder. Sie scheinen sich aufzuplustern. Später geraten sie in ein Flirren, werden gegen das Blau auflodernde Flammen. Tiefer an den Hängen beginnt der bunte Aufruhr der Laubbäume und Büsche. Tiefrote Ahornfanale, das im Wind gelb-grüne Triller der Erlen, der Birken. Hagebutten zeigen ihre Glanzfrüchte. In den Gärten färben sich die Holunder mit ihren schwarzen oder roten Beeren. Die letzten Stockrosen halten ihre violetten Blütenkelche hoch, die, obwohl noch frisch, schon den trockenen Hauch tragen wie von verknittertem Seidenpapier. Über allem die Schneegipfel und der Himmel von Ultramarin bis Cyan.

Wer nun durchs Engadin Richtung Maloja fährt, vorbei an Felshängen, dem erscheinen immer neue Formationen von Farben und Strukturen, variierende Rhythmen der hellen Lärchenmuster über dem Dunkel von winterharten Nadelbäumen und dem grauen, blauen Silber des Gesteins.

Mit den Serpentinen den Malojapass hinunter steigt die Temperatur, die Vegetation wird wieder grüner, nasser, üppiger. Man nähert sich der Herbstwelt der Kastanien (→ *Bergell*).

Hinter Promontogno beginnen bald die Hänge mit den schiefergedeckten Caschinas, den Dörrhäuschen. Es ist gegen Abend. Die Wiesen sind feucht. Manfred parkt den Wagen an der Strasse, die nach Soglio hinaufführt. Wir gehen über am Boden liegende leere Stachelhüllen und vereinzelte Früchte, die wie Zwergenmützen zu einer Spitze auslaufen. Ab und an noch eine letzte Glockenblume, eine Margerite. Der aufsteigende Nebel verbindet sich mit den Rauchschwaden. Es riecht nach einem Gemisch aus Fäulnis und Weihrauch. Eine der Türen steht offen. Ein alter Mann in einem blauen Arbeitsanzug und dunkler Jacke sieht, dass wir neugierig sind, und winkt uns herein. Mit einem Eisen stochert er in den Flammen, legt ein neues Stück Kastanienholz auf die Glut. Er kommt zweimal am Tag in seine Caschina und hütet das Feuer. Wenn er Glück hat, geht es nicht aus. Aber jedes Stück Holz, sagt er, brenne anders. An den Wänden der Caschina sind Scheite gestapelt, Zweige geschichtet. Vier Wochen lang werden die Kastanien im Rauch getrocknet. Das Feuer darf nicht zu stark sein, sonst werden sie zu hart, zu trocken. »Passt auf«, sagt er, als wir die sehr steile, hölzerne Treppe, fast eine Leiter, hinaufsteigen. Der Qualm nimmt zu. Oben liegen auf grossen Gittern schon geschrumpelte Kastanienmassen. Ein Rechen steht daneben. Der Rauch hüllt den engen Raum in ein bläuliches Fluidum. »Kommt herunter, bevor euch schlecht wird«, ruft der Mann. Als wir ihm sagen, dass wir aus Sent sind, wechselt er vom Italienischen ins Bargajot, den Bergeller Dialekt. Er freut sich, als Manfred ihm auf Romanisch antwortet. Die beiden sprechen miteinander und sind für den Moment Freunde.

Oben in Soglio, im alten Speisesaal des Palazzo Salis (→ *Bergell*), sitzen vereinzelt Wanderer an langen Holztischen und trinken Tee oder Wein. Im hinteren Teil des Gewölberaumes ist schon für das Abendessen weiss eingedeckt mit Silber und langstieligen Gläsern. Ein grosser schwarzer Hund schläft auf den Planken.

Heu

Aitas Schwiegervater Steivan hat uns zu den Wiesen östlich
von Sent gefahren. Es sind Wiesen, die etwa auf Dorfhöhe
liegen. Die darüber gelegenen Trockenwiesen, bei denen es
nur einen Schnitt gibt, sind Ende August zum Teil schon
abgemäht. »›Emd‹ sagt ihr zum zweiten Schnitt, oder?«,
meint Aita. Ich nicke, weiss es aber nicht. »Das ist Funtanat-
scha«, sie zeigt auf die Wiese und nennt ihren Namen wie
den eines alten Hofhundes. Aita ist in Sent geboren und hat
einen Senter geheiratet. Auch ihre Eltern und die Eltern
ihres Mannes Jachen kommen aus Sent. Bevor Aita vier
Kinder bekam, sass sie im Gemeinderat. Sie war eine sehr
gute Schülerin. Eigentlich hätte sie Jura studieren wollen,
das hätte sie interessiert. Aber sie ging auf die Kaufmänni-
sche Schule; von dort hätte sie leicht aufs Gymnasium
wechseln können, doch dem Bauernmädchen fehlte das
Selbstverständnis dazu. Aita verliess das Tal, arbeitete vier
Jahre in Büros. Und dann war da ja auch Jachen, ihr Mit-
schüler, und die Idee, in Sent eine Familie zu gründen, lag
näher als ein Studium für sie allein im fremden Zürich.

Das Gras ist schon geschnitten und liegt ausgestreut (»verzettelt«, jetzt weiss ich doch ein Wort) über den Wiesenboden ausgebreitet. Adelino, der Mitarbeiter aus Portugal, ist mit einer Maschine vorausgefahren. Wie heisst die Maschine?, frage ich. Aita probiert es auf Romanisch, dann sagt sie: »Das ist ein Zweiachser, mit Bandheuer.« Sie gibt mir einen Rechen mit einem langen Stiel. Er liegt gut in der Hand, ein elegantes Werkzeug. Die Wiese ist ein grünes, mit Grün bestreutes Feld, das sich gegen das Tal neigt. Eine mittelsteile Wiese, sagt Aita. Auch die mittelsteilen Wiesen sind steil. Die Unterengadiner Bauern wissen, dass Kollegen aus dem Unterland sie bewundern, wenn sie beobachten, an welchen Hängen hier geheut wird. Die höheren, zum Teil sehr steilen Wiesen sind Handarbeit. Sie werden nicht nur wegen des Ertrags gemäht. Mähen, das Pflegen der Wiesen, ist Landschaftspflege, die staatlich unterstützt wird.

Wir rechen am Rand dieses Felds, wo die Maschine schlecht hinkommt, das Heu zu einer ersten gehäufelten Linie, einer Schwade, zusammen. »Panuoglia«, sagt Aita, »das ist eine Heumahd.« Nun fährt Adelino mit dem Bandheuer über das gehäufelte Grün, sodass die Maschine das Heu zu weiteren »Panuoglias«, Heumahden, Schwaden, zusammennimmt. Wir rechen hinter ihm her in den Spuren, die er gefahren hat. Unsere im Rechen eingesammelte Heubeute werfen wir auf die noch nicht von der Maschine erfasste Schwade. Am Ende schlängelt sich nur noch eine einzige »Panuoglia« die Neigungen der Wiese entlang wie eine überdimensionale Bandstickerei.

Diese Wiesen am Hang sind alte Ackerterrassen, auf denen früher Roggen und Gerste angebaut wurden. Um die Qualität des Bodens zu verbessern, sammelten die Bauern die Steine aus den Feldern, warfen sie zur Seite und schichteten sie später zu Lesesteinwällen. Auf ihnen wuchsen bald Büsche und kleine Bäume, in denen Vögel gern nisteten. Wir sind hier im Ostteil von Sent und damit, laut Vogelwarte Sempach, in einem Gebiet mit der höchsten Terrassendichte der Schweiz. Die Wiesen ziehen sich von »Chanvers«, den alten Hanfäckern unten am Inn (1100 m), bis hinauf nach »Plattas« (1540 m). Wie viele Wiesen bewirtschaftet ihr?, frage ich Aita. Sie kann es nicht sagen, dann ruft sie die Wiesen mit Namen auf und streckt bei jedem einen Finger aus: »Spejel, Von, Flüs, Clüs, Planas, Surains, Quadra, Jert da cumün, Gossa, Legnun, Quadra, Chanàs, Tuffarolas, Zoppanaina, Tschesch, Battaglia …« Sie kommt auf 21.

Mittlerweile ist Jachen, ihr Mann, mit dem Heuwagen gekommen. Er war noch unten am Inn auf einem Gerstenfeld. Mit dem Heuwagen fährt er nun die Schwadenlinie ab; das Heu wird in den Wagen befördert. Wir arbeiten jetzt mit grösseren Rechen, laufen in der Spur hinter dem Heuwagen und kämmen liegen gelassenes Gras aus der Wiese; er wird es noch aufnehmen.

Wir machen eine Pause, trinken Wasser und essen Trauben. Aita trägt ein blaues Kopftuch. Ich habe keines und spüre den Staub in den Haaren. Es ist warm und ein wenig diesig. Ein Sommerwind weht. Ein Eichelhäher fliegt vorbei. »Siehst du die Ziegen da unten, die Esel?«, sagt Aita. Ich nicke. Im Sommer sind die Tiere in einem eingezäunten Areal frei. Wie lange? »So lange«, lacht Aita, »bis die Ziegen sich selbstständig machen. Sie können leicht über den Zaun springen. → *Ziegen* tun, was sie wollen.«

Auf einmal hören wir ein Schreien bei den Männern. Wir springen auf und laufen zur Wiese mit dem Heuwagen. Er hängt schräg an einem Lesesteinwall. Ein kleiner Baum stützt ihn, sonst würde er kippen und abrutschen. Schwiegervater Steivan und Adelino hängen sich neben den leicht abgehobenen rechten Hinterreifen an den Heuwagen und geben ein Gegengewicht. Jachen versucht, den Wagen vorsichtig anzufahren. Aber er rutscht weiter ab. Aita dreht sich weg. Jachen steigt aus, sieht sich die Rutschstelle an. Die Männer diskutieren. Steivan und Adelino schütteln den Kopf. Jachen will es noch einmal versuchen. Wieder hängen sich die Männer an den Wagen. Und es gelingt. Knapp. Der rechte Hinterreifen fasst Wiesengrund, der Heuwagen kommt das entscheidende kleine Stück voran und steht wieder auf sicherem Boden. Niemand sagt etwas. Alle arbeiten weiter, als sei nichts geschehen.

Später sagt Aita, so was sei seit Jahren nicht vorgekommen. Aber es kommt doch immer etwas vor? »Ja«, sagt sie. »Manchmal, wenn der Wagen zu viel geschnittenes, trockenes Heu unter die Räder bekommt, dann kann es sein, dass er davonrutscht und Fahrt aufnimmt. Da kannst du schon Angst bekommen.« Wir rechen weiter. Manchmal riecht es nach wildem Thymian, manchmal nach Schafgarbe, immer riecht es süss und bitter, auch unerkannt. Aita erzählt: Adelino arbeitet seit etwa fünf Jahren für sie. Er hatte ein Zimmer mit Dusche und ass bislang bei ihnen, zusammen mit der Familie. Jetzt ist er im Oktober Vater eines Jungen geworden. Mutter und Kind sind im Juni aus Portugal nach Sent gezogen, in eine kleine Wohnung. Adelino möchte mit seiner Familie leben. Der Sommer ist fast vorbei, und die junge Mutter mag nicht in den Bergen bleiben. »Die Frau ist das eine«, sagt Aita. »Aber der kleine Sohn ist noch etwas anderes.« Was wird Adelino tun?

Als wir zum Hof zurückkommen, stehen riesige Säcke da. Heu?, frage ich. Holz? Kohle? Aita schüttelt den Kopf: »Gerste.« Es sind Säcke voller Gerste, die Jachen gerade gedroschen hat, bevor er mit dem Heutransporter auf die

Wiesen kam. Die Maschine kann das Getreide gleich auf dem Feld mähen und dreschen? Aita nickt. Sie greift mit beiden Händen in die Gerste und lässt die ovalen, glatten Körnerperlen durch die Finger rinnen. Auch ich möchte die Gerste anfassen. Sie ist warm und glänzt braun und golden. So schöne Gerste, sage ich. »Ja«, sagt Aita. »Letztes Jahr war sie ganz schmutzig, und man musste sie durchsieben.« Ob sie die Gerste selbst mahlen? Sie schüttelt den Kopf. »Wir geben sie in die Mühle und bekommen dann einen Teil als Futter zurück. Es ist eine Art Tausch.« Sie nimmt ein Korn, schält es vorsichtig ab und kostet. Ich sehe, wie sie sich freut, dass es gut schmeckt.

Höhe

Von der Talstation Punt Muragl (auf dem Gemeindegebiet von Samedan, gelegen zwischen Celerina und Pontresina) geht es mit einer roten Bergbahn auf Schienen hinauf. Diese Standseilbahn wurde 1907 in Betrieb genommen und ist die älteste Bergbahn des Engadins. Auf einer Strecke von etwas mehr als zwei Kilometern überwindet sie, durch Blumenwiesen steigend, an Lärchen und Bergföhren vorbei, Gesteinsfelder durchschneidend, 709 Höhenmeter bis zur Bergstation Muottas Muragl auf 2456 Metern. So ist in zehn Minuten eines der beeindruckendsten Höhenwandergebiete des Engadins ganz leicht zu erreichen. Manche Feriengäste kommen nur wegen des Blicks an diesen Ort. Sie verweilen ein wenig auf der Terrasse des Hotel-Restaurants und fahren wieder hinunter.

Wie flüssiges Blau in den Tiegeln des Tals liegen tief unten die Seen des Oberengadins: der St. Moritzersee, der Champfèrsee, der in den Unteren Silvaplanersee übergeht, dahinter der grosse Silvaplanersee, wo – für uns nun unsichtbar – die Kite- und Windsurfer die besonderen Windverhältnisse nutzen und mit ihren Segeln kreuzen und springen. Dann der Silsersee. Man sieht bis nach Maloja hinein und zurück über die Gipfel des Piz Lunghin, des Grevasalvas (an seinem Fuss liegt der Lunghinsee, der als Quelle des → *Inn* gilt; etwas südöstlich befindet sich die wichtigste europäische Wasserscheide) zum Piz Materdell, Lagrev, Polaschin, dann zum Juliermassiv und hinüber zu den Skigebieten von St. Moritz und Celerina zwischen dem Piz Nair, Corviglia und Marguns.

Näher vor uns in der unmittelbaren Tiefe liegt der kleine Stazer Moorsee, ein schönes Grün im helleren Grün des Gestades, im dunklen Grün von Wald und Hügeln. Es ist eine durch eiszeitliche Gletscher geprägte Landschaft. (Wieder unsichtbar für uns in der Höhe: das Moos, die Heidelbeersträucher, das Schilf, der schwimmende Bitterklee; nicht wahrnehmbar: der Geruch von Sommerhaut und Sonnencreme. Unsichtbar mit blossem Auge von hier oben selbst die Holzstege, ahnbar die Bucht mit dem feinen Sand und sicher die Erinnerung an den Zauber dieses alten Strandbads.) Zwei Segelflugzeuge schweben vorbei. Wir sehen sie von oben, ihren schlanken Körper, ihre hohe Flügelstreckung. Sie lassen sich in Schlaufen gleitend von den Windströmen tragen zwischen dem Engadin und seinem höchsten Seitental, dem Val Bernina. Das Berninatal beginnt am Fuss des Muottas Muragl und führt auf den Berninapass. Dort, zwischen dem Lej Nair und dem Lago Bianco, verläuft eine weitere Wasserscheide: im Süden zur Adria, im Norden zum Schwarzen Meer, sie deckt sich mit der Sprachgrenze zwischen Romanisch und Italienisch. Nun ändert das Tal seinen Namen und führt weiter Richtung Tirano als Valposchiavo oder Puschlav.

Eine kleine Drehung nach Süden, und der Blick geht hinüber ins Val Roseg mit seinem See, der durch Abschmelzen der Gletscherzungen entstanden ist. Die Eis-Arena der Bernina, die höchste Berggruppe der Ostalpen, begrenzt den Horizont: Piz Corvatsch (3451 m), Piz Roseg (3937 m), Piz Morteratsch (3751 m), Piz Bernina (4049 m), Piz Palü (3900 m). Man kann diesen weissen Blick steigern. Von der Bergstation Muottas Muragl führt ein Weg durch grüne Weiden, an schwarzen, grasenden Angusrindern vorbei, hinunter zu einem Bach und dann den bald steinigen und steilen Schafberg hinauf bis zur Chamanna Segantini. Sie liegt auf 2731 Metern, fast Aug in Aug mit den weissfleischigen Gletscherriesen. Schön erkennt man von dort den geschwungenen Biancograt, auf dem sich der Piz Bernina, der einzige Viertausender der Ostalpen, besteigen lässt.

Die Segantinihütte ist kein Geheimtipp. Aber man muss ja nicht an einem Wochenende in der Hochsaison hinaufsteigen. Oder man akzeptiert die Gleichgesinnten, die sich der Höhe hingeben und mit dem Erhabenen flirten. Bis sie doch berührt werden, mag sein mehr, als sie erwartet haben.

Was ist noch zu spüren in der Holzstube, wo es jetzt selbstgemachte Bündner Gerstensuppe und Aprikosenwähen gibt, von einem vergangenen Leben, von einem Tod hier oben vor mehr als hundert Jahren? Giovanni Segantini, geboren 1858 in Arco, damals Kaisertum Österreich, heute Trentino, hat hier in den letzten Jahren seines kurzen Lebens gemalt. Mitte September 1899 ist er mit seinem Kindermädchen und Modell Barbara Uffer, einer Vertrauten, die dreizehnjährig in die Familie kam, zur Hütte auf dem Schafberg gestiegen. Auch sein Sohn Mario war dabei. Der Maler arbeitete am Mittelbild »Sein – La Natura« seines Alpentriptychons, das er bald bei der Pariser Weltausstellung präsentieren wollte (das riesige Werk hängt heute im Segantini Museum in St. Moritz im Kuppelsaal). Segantini

malte den Blick vom Schafberg hinüber auf die Berninagruppe und ins Rosegtal hinein und erweiterte ihn zu einem
Panorama nach Maloja hin mit der Oberengadiner Seenlandschaft. Entgegen der geschauten Wirklichkeit gestaltete
er eine empfundene Weite. Er malte den Vordergrund als
flaches Wiesenstück mit Weg. Auch die Seenlandschaft
wirkt weniger in der Tiefe gelegen denn als ein sich erstre-
ckendes Plateau. Es geht gegen Abend, eine Frau und ein
Mann ziehen mit ihren Kühen im letzten Licht müde nach
Hause. Sie scheinen geborgen in der Natur, die Berge sind
keine erschreckende Gletscherwelt, eher ein Fries, das
Menschen und Tieren im Kreislauf ihres Lebens, ihrer
Arbeit einen Halt gibt. Die Frau, etwas rechts der Bild-
mitte, zieht leicht gebückt das Kälbchen; die Mutterkuh
folgt. Der Mann treibt am linken Bildrand die Herde Kühe
vor sich her. Die Kühe scheinen aus dem Bild hinauszu-
laufen. Zwei Drittel des Bildes nimmt der Himmel ein,
eine intensive Lichtexplosion in Weiss.

Ich beginne, auf meiner Leinwand loszuarbeiten mit feinen
dünnen und pastosen Pinselstrichen, indem ich stets zwischen
jedem Pinselstrich einen Zwischenraum lasse, den ich mit den
Komplementärfarben ausfülle, und zwar möglichst, wenn die
Grundfarbe noch frisch ist, damit das Gemälde zerflossener
wirkt. Das Mischen der Farben auf der Palette führt dem
Dunkeln entgegen; je reiner die Farben sind, die wir auf die
Leinwand bringen, um so besser führen wir unser Gemälde
dem Licht, der Luft und der Wirklichkeit entgegen.

Um die Strahlkraft des Himmels zu steigern, richtete er die
feinen Striche nach aussen. Neben dem Weiss verwendete
er Gelb (im Bereich der Sonne), Hellblau, er intensivierte
die flimmernde Lichtwirkung mit roten Strichen.

Segantini arbeitete in diesem September zügig, obwohl er sich zunehmend krank fühlte. Er klagte über Bauchschmerzen, Müdigkeit, Bewusstseinstrübungen. Schliesslich stieg Barbara ins Tal ab und kehrte mit dem Doktor und Bice, Segantinis Frau, zurück. Dem Maler aber war nicht mehr zu helfen. Am 28. September 1899 starb er kurz vor Mitternacht. Gegen das Fenster der Hütte hin gewandt, soll er noch gesagt haben: »Ich möchte meine Berge sehen.« Später stellte der Arzt die Diagnose Blinddarmentzündung. Heute nimmt man an, dass Giovanni Segantini an einer Bleivergiftung starb. Zwei Drittel des riesigen Bildes bestehen aus weissem Gletscherlicht, gemalt mit Bleiweiss; die Ärmel seines Malerkittels waren voll davon.

Hotel Waldhaus Sils-Maria

Sie sitzen nebeneinander in der Arvenstube. Felix Dietrich, etwas fülliger, in kariertem Hemd und ärmellosem Blouson, Urs Kienberger, schmal, in schwarzem Jackett und mit gestreifter blauer Krawatte. Zwei Herren, zwei Schwager, so um das Pensionsalter herum. Sie wirken gelassen. Sie sehen auf ein Lebensprojekt zurück, auf eine Legende: das Hotel Waldhaus in Sils-Maria.

1908 gegründet auf einem von Lärchen, Tannen, Arven umgebenen Hügel über dem Silsersee, wurde das Haus zu einer Fünf-Sterne-Ferienadresse für Gäste, denen St. Moritz zu unruhig war. Das Waldhaus zog Künstler an. Wer sich mit der Geschichte des Hotels beschäftigt, kann leicht den Eindruck bekommen, dass alle einmal hier wohnten. Wen also nennen? Theodor W. Adorno, Thomas Bernhard, Josef Beuys, David Bowie, Claude Chabrol, Marc Chagall, Friedrich Dürrenmatt, Albert Einstein, Hermann Hesse, Isabelle Huppert, Otto Klemperer, Thomas Mann, Luchino Visconti? In der Hotelsauna kann man Alexander Kluge treffen oder Andrea Sawatzki. Das aber erzählen die

Herren nicht. Ihre Diskretion gehört zu ihrem Erfolg wie ihre, selbst für Schweizer, auffallende Bescheidenheit. Wenn sie sich durch das Hotel bewegen, haftet ihnen eine fast dankbare, freundliche Scheu an, hier sein zu dürfen, und ich muss manchmal an »Hotel Savoy« denken, den wunderbaren Roman von Joseph Roth, in dem sich der mächtige Hoteldirektor als Liftboy tarnt.

Felix Dietrich, Jahrgang 1950, hat in Hotelfachschulen und Hotels in Montreux, Florenz, Lausanne, London und Interlaken gelernt. Als er Anfang der Siebzigerjahre im Waldhaus zu arbeiten begann, fragte ihn ein älterer Kollege, was er denn in »diesem alten Kasten« wolle, wo das Oberengadin doch so schöne Hotels hätte. Er lächelt: »Es gab hier schon einen Rückstand. Die Hälfte der Zimmer hatte kein eigenes Bad. Aber wir haben an das Hotel geglaubt.« Vielleicht hat er auch an Maria geglaubt, die Tochter des Direktors Rolf Kienberger, die Schwester von Urs, die an der Rezeption arbeitete. »Damals«, sagt Urs Kienberger, »war ›alt‹ ja kein Kompliment und ›Gründerzeit‹ auch nicht.« Immer wieder seien sie gefragt worden, wann man denn endlich die Bar renovieren würde. Aber das seien dann dieselben Gäste gewesen, die heute sagen, ach wie schön, dass es immer noch so ist, wie es einmal war. Im Waldhaus ist vieles immer ein wenig so, wie es einmal war. Das liegt auch daran, dass das Hotel in der fünften Generation als Familienunternehmen geführt wird. Heute leiten die Söhne von Felix und Maria Dietrich-Kienberger das Hotel, die Brüder Claudio (Jahrgang 1977) und Patrick (Jahrgang 1980).

Felix Dietrich kannte Urs und Maria von Jugend an. Schon als Sechzehnjähriger sei er am Familientisch der Kienbergers im Hotel gesessen. Er ging mit Urs und Maria wandern, man spielte zusammen Minigolf. Der Geist, in dem das grosse Haus geführt wurde, habe ihn beeindruckt. Es war eine Familienangelegenheit, zu der die Mitarbeiter dazugehörten. »Die Zeiten waren ja nicht immer einfach«, sagt Felix Dietrich. Nur bis zum Ersten Weltkrieg seien es sehr gute Jahre gewesen. »Auch die Zwanzigerjahre, genauer ab 1924, waren eine gute Zeit, die die Grosseltern nutzen konnten.« Ab 1930 ging es lange Jahre nicht gut. Die Wintersaison fiel zwischen 1939 und 1955 aus. Das Hotel wurde im Winter geschlossen. Der Aufschwung kam in den Sechzigern. Dann allerdings steil. 1970 wurde das Hallenbad gebaut. »Zu einer Zeit«, Felix Dietrich sieht zu seinem Schwager, »als es sich die Eltern eigentlich nicht leisten konnten. Aber sie wollten ein Zeichen setzen.« (Er nennt die Schwiegereltern liebevoll Eltern, denke ich.) »Das war dann eine tolle Saison, 72/73«, sagt Urs Kienberger, »es gab die neue Furtschellasbahn. Und der Langlauf über die Seen wurde populär.« Einmal im Jahr setzte sich die Familie zusammen und beriet, wo investiert werden solle. Die Heizung, die Aufzüge, der Herd in der Küche, ja die ganze Küche. »Die Gäste merken es schon, die Mitarbeiter spüren es, wenn man renoviert. Wir werden nie fertig sein. Aber damit können wir leben«, Felix Dietrich legt die Hände auf den Tisch wie ein Siegel.

Er und Maria heirateten 1975; er wurde Vizedirektor. Nach einer Herzattacke von Rolf Kienberger übernahmen Maria und Felix die Direktion; Urs sprang zeitweise ein. Nach seiner Gesundung wollte der Vater wieder mitarbeiten. Doch wo war nun sein Platz? Und wo der von Maria und Felix? Mit Behutsamkeit, Disziplin und gegenseitiger Achtung habe man die heikle Frage gemeistert. Und hatte gemeinsam noch zehn gute Jahre, bevor der Vater mit siebzig Jahren ausschied. Kurz danach kam Urs endgültig dazu. »Dass wir zu dritt waren, hat ja nicht alles leichter gemacht«, Felix Dietrich lehnt sich zurück. Sein Schwager legt den Kopf etwas zur Seite. »Wir sind doch sehr verschieden. Aber gegenüber den Gästen war das gut. Das Hotel hatte verschiedene Farben, Töne. Die Gäste konnten sich aussuchen, wer ihnen besser passt.«

Urs Kienberger ist Ökonom. Eine Bankkarriere wäre möglich gewesen. Seine Frau, eine Amerikanerin, arbeitet als Übersetzerin im Bankenwesen. Für einige Jahre hat das Paar in Amerika gelebt. »Aber Sils ist meine Heimat, und als ich das Gefühl hatte, ich könnte doch etwas nützen, dachte ich schon, dass es gehen würde, wenn wir zusammenspannen.« Urs Kienberger ist in vielen Dingen der Stratege, oft vertritt er das Hotel nach aussen, er formuliert die Selbstdarstellung des Waldhaus. »Wir sind eine Schicksalsgemeinschaft«, sagt er. »Wie ein Hof«, er zögert, um zu präzisieren, »also ein Bauernhof. Ich denke nicht an aristokratische Höfe, das wäre wenig schweizerisch.«

Die Frage nach dem Einbruch des Tourismus, auch im Engadin, irritiert die beiden nicht. Rückgang der Gäste im Gefolge der Finanzkrise, die Schweiz als Hochpreisland, der teure Franken? »In unserer 108-jährigen Geschichte waren fünfzig Jahre schwierig. Das waren Jahre, in denen viele andere Hotels hingeworfen hätten. Man hat dann eben spartanisch gelebt!« Und nun blitzt unter der Bescheidenheit auch der Kampfgeist durch. »Was die letzten sieben Jahre angeht«, sagt Urs Kienberger, »hätten unsere Vorfahren gesagt: Das waren doch recht gute Jahre!« Ein Problem seien die vielen Regulierungen, sagt Felix Dietrich. All diese Bestimmungen, zwischen Sicherheitsvorschriften und streng festgelegten Arbeitszeiten; einiges wäre eben familiär und nicht nur arbeitsrechtlich zu lösen! »Wenn ich ein Team motivieren konnte, war vielen klar, dass man auch manchmal etwas freiwillig macht.« Und die Löhne seien dreissig bis vierzig Prozent höher als im europäischen Umland. »Ein anderes Problem«, sagt Urs Kienberger, »ist, dass die Welt so zugänglich geworden ist.« Felix Dietrich nickt: »Früher, da war eine Reise ins Tessin eine exotische Sache! Unsere Konkurrenz, das sind nicht die anderen Hotels im Tal. Unsere wirkliche Konkurrenz, das sind die Kreuzfahrtschiffe, die tollen Häuser in Asien, in Indien, im Mittleren Osten. Mit diesem Luxus können wir nicht gleichziehen. Bei uns muss es also etwas anderes sein.«

Und dieses andere passt ausgesprochen gut ins Engadin. Es hat etwas mit Sorgfalt (→ *Premura*) zu tun, mit einer individuellen Aufmerksamkeit, für die es Menschen braucht. Das Hotel hat 140 Zimmer und 145 Angestellte. Und für sie einen Hotelkindergarten. Das Waldhaus legt Wert auf Lesungen, Konzerte. Es organisiert Ausflüge und geführte historische Spaziergänge. Es ist ein besonderes gesellschaftliches Biotop mit seinen verschiedenen Räumen: die Halle als ein grosses Wohnzimmer, die Bibliothek mit den Originalschreibpulten aus den Zwanzigerjahren, das neue Fumoir an der Felswand mit dem offenen Kamin, der Blaue Salon, das grosszügige Treppenhaus, in dessen Wintergartennischen man auf Sofas unter Zimmerpalmen über den See zu den Bergen sehen kann. »Wir wollen«, sagt Urs Kienberger, »den Menschen dieses Hotel so zeigen, dass sie es nicht nur besuchen, sondern hier leben. Man kann sich für eine Stadt begeistern, sich einfangen und mittragen lassen. Das ist in einem Hotel auch möglich.« Regelmässig gibt Maria Dietrich-Kienberger Hotelführungen und erzählt aus der Geschichte des Hauses. Im Hotel gibt es eine katholische Kapelle mit kleiner Orgel. Der Hotelgründer Josef Giger, der Urgrossvater von Urs Kienberger, hat sie in der refomierten Diaspora bauen lassen. Sie wird für gelegentliche Gottesdienste genutzt und ist ein Raum der Ruhe für

Mitarbeiter und Gäste. Das Waldhaus beherbergt auch ein kleines Museum, das der Schweizer Objektkünstler Giuseppe Reichmuth (bekannt durch seine Bilder »Dinosaurier auf der Autobahn«, »Zürich Eiszeit«) eingerichtet hat. Er stellte verfremdend historische Gegenstände aus dem Hotel so zusammen, dass sie Teile einer Inszenierung wurden. Mein Lieblingsobjekt ist eine Badewanne, auf der winzige Skiläuferfiguren stehen, wie auf einer Piste. Kinder schätzen die alte Truhe, in der das Hotelgespenst ab und an poltert. Man kann durch das Hotel gehen wie durch ein Familienalbum. Zimmerweise ändern sich die Moden wie die Kleider von Tanten und Cousinen. Immer wieder wohnten Teile der Hoteliersfamilie im Hotel, in einem Zwischenstock oder im Mitarbeiterhaus. Das Hotel ist Teil ihres alltäglichen Familienlebens, die Familie immer auf das Hotel bezogen.

Aber es wäre vermessen, sagt Urs Kienberger, das Waldhaus nur für sich selbst zu definieren. Wichtig sei ja, was draussen ist. »Das Engadin«, sagt Felix Dietrich, »ist sehr speziell. Es ist die Gegend der kleinen Distanzen.« In kürzester Zeit sei man in ganz verschiedenen Kulturen: über das Münstertal im Südtirol, über den Bernina im Veltlin, über den Maloja in der Lombardei, in Chiavenna, am Comer See. »Es dauert keine Stunde von den Arven im Schnee bis unter die Palmen.«

Zum Abschied bekomme ich eine CD geschenkt und noch eine Geschichte. Im blauen Empire-Salon des Waldhaus steht ein Musikautomat, ein Welte-Mignon-Piano. Das von Welte 1904 patentierte Verfahren ermöglichte ein selbst spielendes Klavier. Die Tasten wurden über gelochte Papiernotenrollen pneumatisch ausgelöst. Mit diesen Lochstreifen war der erste authentische Tonträger gefunden, der auch die Anschlagtechnik des Pianisten festhielt. 1910 kaufte Waldhaus-Gründer Josef Giger ein solches Wunderklavier und dazu 95 Lochstreifen-Papierrollen mit Klavieraufnahmen berühmter zeitgenössischer Pianisten. Der Automat spielte im Waldhaus bis 1930. Dann wurde er zerlegt und kam in den Keller. Einer der Waldhaus-Feinmechaniker entdeckte ihn 1978 und stellte den Musikautomaten in jahrelanger Kleinarbeit wieder so her, dass er lief. Das Hotel liess danach den eingebauten Klaviermechanismus restaurieren. Im September 2000 wurden die Stücke aufgezeichnet. Arthur Schnabel spielt »Aufforderung zum Tanz« von Carl Maria von Weber, Arthur Nikisch einen Walzer aus Léo Delibes' »Coppélia«. Theodor Leschetizky spielt Chopin, Ferruccio Busoni Liszt. So lässt die CD den Originalton der Belle Époque wiederauferstehen.

Beim Hinausgehen bleibe ich vor dem seltsamen Welte-Mignon-Piano stehen, Mahagoni mit Empire-Bronze-Auflagen, daneben sind in einer Vitrine die Lochstreifenrollen ausgestellt. Da kommt ganz beschäftigt Maria Dietrich-Kienberger vorbei, an Hand und Rockzipfel zwei ihrer kleinen Enkelkinder, die im Hotel aufwachsen.

Inn

Ein Auge, gletscherblau, grün, grau, im Geröll des Gesteins unterhalb des Piz Lunghin. Ein See auf 2484 Meter über dem Meeresspiegel: Lägh da Lunghin, so heisst er im Dialekt des → *Bergells*. Ein Anfang. Der Triumph eines Beginnens. Ein Fluss verlässt diesen See. 823 Gletscher werden ihn speisen, bis er zu einem der wasserreichsten Ströme Europas anwachsen wird. »En« oder keltisch »enios« heisst Wasser. Noch im Nibelungenlied ist von »daz In« die Rede, »das Wasser«. Die Römer nannten den Fluss Aenos oder Oenus, die Griechen Ainos. Im Mittelalter schrieb man ihn auch Yn oder Yhn. Er nimmt seinen Weg vom Fuss des Piz Lunghin, der die wichtigste Wasserscheide Mittel- und Westeuropas markiert: Gegen Norden fliesst die Julia über die Albula, den Hinterrhein, den Rhein in die Nordsee und mit ihr in den Atlantik. Gegen Süden strömt die Maira in den Comer See, mit der Adda in den Po, in die Adria, ins Mittelmeer. Und gegen Osten macht sich vom Lunghinsee der Inn auf zur Donau und fliesst mit ihr ins Schwarze Meer. Wobei das nicht unbedingt ganz stimmt. Genau genommen fliesst sie mit ihm. Wenn bei Passau Donau und Inn zusammenkommen, überströmt der blaugrüne Alpenfluss das dunklere schwäbisch-bayrische Gewässer. Der Inn ist mit 738 Kubikmetern pro Sekunde der mächtigere Fluss gegenüber der Donau mit 690 Kubikmetern. Warum ihn also »Nebenfluss« nennen? Es wäre ebenso plausibel zu sagen, der Inn münde ins Schwarze Meer. Eine Sprachkonvention also, die die Wirklichkeit prägt. Das Hauptargument, den Zusammenfluss ab Passau »Donau« zu nennen, war die Flusslänge der Donau. Sie misst in Passau 547 Kilometer, der Inn dagegen 517. Aber bitte: Gerade einmal dreissig Kilometer ist die Donau in Passau länger bei einer noch folgenden gemeinsamen Strecke von 2210 Kilometern bis zum rumänischen Sulina am Schwarzen Meer!

Das Engadin, der Garten des Inn, bildet seine obere Talstufe. Es ist die Heimat des jungen Inn, der sich, wie ein Kind bis zur Pubertät, hier schnell entwickelt. Kaum hat er seinen See verlassen, stürzt er in Wirbeln und Kaskaden als kleiner Bergbach 700 Meter hinunter, fliesst dann durch die Ebene bis in den Silsersee, den höchsten der vier Oberengadiner Seen, durch den Silvaplanersee, den Champfèrsee, den See von St. Moritz. Er bringt mineralische Gesteinspartikel mit, sie geben ihm seine blaue, grüne, manchmal milchige Farbe. Wenn es regnet, kann er schlammig braun sein. Es wechseln Schluchten mit breiten Gewässerstellen. Bei jedem Dorf hat er ein anderes Gesicht. Zahm bei den Flussauen von Madulain, mild plätschernd bei Lavin, wild bei Ardez. Romantisch unter der alten Holzbrücke bei Sur En, Sent. Bis er nach knapp hundert Kilometern bei der Flussenge und alten Gerichtsstätte Finstermünz ins Tiroler Oberinntal eintritt.

Die Angler kennen den Inn anders als die Wildwasserfahrer, die sich ihm hingeben, sich seiner Gewalt anschmiegen müssen, um mit ihrem Kajak durchzukommen. Angler bleiben am Rand in hohen Gummistiefeln. Sie wissen, wo die Forellen, die Äschen beissen. Und welche Wasserfarbe welchen Köder erfordert. Gern glitzernde Fliegen, wenn die Wellen so klar sind, dass man die Fische sieht. (Aber: Den Fisch, den du siehst, fängst du nicht. Er hat dich früher gesehen!) Mistwürmer, wenn das Wasser trüb ist. Dann riecht die Forelle, die Äsche die Beute. Die Wanderer wiederum geniessen seine Blumenauen, seine Ebenen mit den flachen Kieseln, seine vom Wasser rund gespülten Felsen, auf denen man lagern kann und in die Wellen, die Strudel sehen. Auch an derselben Stelle ändert er sich dauernd, dieser lebhafte, junge Strom, mit dem Licht, dem Wind. Ich habe nie kürzere Stunden erlebt als am Inn. Seinem blitzenden Leuchten, seinem Murmeln, Rauschen, seinem Erzählen lauschend. Jedem erzählt er etwas anderes.

Die Sprache des Inn hat sich geändert.

Anfang der Sechzigerjahre wurde – in Zusammenarbeit mit Italien – ein Stausee im Livigno-Tal an der Schweizer Grenze und der Grenze zum Schweizer Nationalpark gebaut. Auch in Scuol gibt es ein Kraftwerk. Ein Stollenverbund von knapp fünfzig Kilometern zieht sich vom Oberengadiner S-chanf bis nach Martina. Seither ist der Inn gezähmt. Im Unterengadin hatte sich Ende der Fünfzigerjahre ein Aktionskomitee gebildet, das sich bald »Lia naira« (Schwarzer Bund) nannte. Es waren meist Unterengadiner Intellektuelle um den Senter Schriftsteller Armon Planta, den Scuoler Journalisten Men Rauch und den Lehrer Giachen Arquint aus Zernez. Auch Luisa Famos (→ *Randulinas und Randulins*), die charismatische Lyrikerin aus Ramosch, war dabei. Die Argumentation der etwa 200 Mitglieder starken Gruppe ging dahin, dass es im Zeitalter der Atomkraft nicht mehr nötig sei, die Natur durch

Stauseen und Kraftwerke zu verschandeln. Auch sah man einen Zusammenhang zwischen dem Bau dieser Anlagen und dem Zuzug der Fremden ins Tal und damit einer Schwächung der romanischen Sprache. Die Lia naira konnte sich nicht durchsetzen. Und heute gilt Strom aus Wasserkraftwerken als »grüner« Strom. Doch wer mit älteren Engadinern spricht, wird oft Erzählungen der Wehmut hören. Es sei eben nicht mehr ihr Inn, der unbändige, tosend laute Inn ihrer Kindheit und Jugend.

Die Wildwasserfahrer hingegen sind für die Bändigung des wilden Kinds vom Lunghinsee, des ungestümen Jugendlichen aus dem Oberengadin eher dankbar.

Jagd

Meinen ersten Zwölfender sah ich auf dem Bildschirm-schoner unseres Architekten. Sehr schnell begriff ich, dass man im September besser nicht nach einem Handwerker fragt. Und in der Schule kann es Vertretungen geben. Schon in der Morgendämmerung verlassen Menschen in Tarnkleidung mit Rucksäcken und Gewehren das Haus. Sie sprechen nicht. Am Nachmittag fahren Pick-ups durchs Dorf, auf denen erlegte Hirsche, Rehe liegen. Sie haben Blumen oder Zweige im Mund. Einmal winkte uns unser Elektriker, ein freundlicher älterer Herr, herbei, öffnete geheimnisvoll seinen Kofferraum und strahlte. Und wir standen vor einem frisch erlegten Steinbock. Wir sind Städter; wir schluckten. Aber ich bin auch Journalistin, und seit wir im Engadin wohnen, möchte ich einmal einen Jäger, eine Jägerin begleiten. Ich habe es noch nicht getan. Aber nächstes Jahr! In Griechenland hiess das »avrio«, morgen!

Matthias ist mit unserem Nachbarn Plasch gegangen. Und ich sehe noch, wie der Junge einmal blutverschmiert und glücklich in der Tür stand: Er durfte das geschossene

Reh holen und zur Strasse tragen! Etwas später brachte er die Leber; ich briet sie in Butter, mit ein wenig Rosmarin.

Tolstoi, in seiner fundamentalistischen Phase, konnte zu Beginn einer Mahlzeit ein flatterndes Huhn an ein Stuhlbein binden, eine Axt auf den Tisch legen und der speiselustigen Gesellschaft erklären: Wer ein Huhn essen wolle, müsse ein Huhn töten können. Ich kann einen Fisch erschlagen. Ich esse die Forellen, die Matthias fängt, Fische, die ich noch zappeln gesehen habe. Und doch wächst, vielleicht hängt es mit dem Alter zusammen, ein Bewusstsein für die Kostbarkeit von Leben.

Im engen Bistro am Vierertisch mit der SBB durchs Rheintal; ich versuche zu lesen. »Weisst du«, sagt die dunkelhaarige Frau mir schräg gegenüber (perlmuttschimmernder Lippenstift, die Locken mit einer Hornspange hochgesteckt), »dass ich diesen Vertrag unterzeichnen konnte, das war toll, ein riesiger Erfolg, aber wichtiger war mir, dass ich meine zwei Tiere nach Hause gebracht habe.« – »Wie meinst du das?«, fragt ihre Freundin (blonde Kurzhaarfrisur, türkisfarbene Filzjacke). »Viele Tage bin ich unterwegs gewesen! Und ich habe schon gedacht, es klappt nicht mehr.« (Nun muss ich doch zuhören.) Um einen Steinbock schiessen zu dürfen, müsse man fünf Jahre lang Jäger sein, dann kommt der Name auf eine Liste. Sie habe drei Jahre warten müssen, bis sie für die Steinbockjagd ausgewählt worden sei. Bevor man aber einen Steinbock schiessen darf, muss man eine Steingeiss schiessen. Und zwar eine nicht führende Steingeiss, eine Geiss also, mit der nicht gerade ein Kleines läuft, das an ihr saugt. »Du musst die Tiere beobachten.« Man gehe nie allein. Und am zweitletzten Tag habe sie die Steingeiss geschossen. Und eine gute Stunde später den Steinbock. Der Steinbocktypus, der ihr zugeteilt worden war, musste zwischen vier und fünf Jahre alt sein. »Man sieht sein Alter an den Wachstumsansätzen, wie feine Risse. Sie bilden sie jedes Frühjahr.« Die Freundin nimmt einen Schluck Kaffee. »Es hatte geschneit. Es gab kleine Lawinen. Die Tiere kommen zum Fressen an die Schneebruchstellen, von wo die Lawinen abgerutscht sind und wo das Gras herausschaut.« Es sei eine Szenerie mit vielen Eiszapfen gewesen. Wie aus Kristall. Und dann habe sie die Hörner gesehen, schwarz gegen den Fels. »Ach«, sagt ihre Begleiterin.

Natürlich sei die Jagd umstritten. Die Befürworter sagten, man schiesse die schwächeren Tiere, um den guten Bestand zu sichern. Der Bestand würde sich auch auf natürliche Weise regulieren, sagten die Gegner, die finden, man sollte die Jagd verbieten. »Weisst du, ich bin mit der Jagd gross geworden. Schon mit dem Vater bin ich zur Jagd gegangen, mit den Brüdern. Später mit meinem Mann. Irgendwann habe ich gesagt: Ich will auch.«

Ich sah sie an. Diese Frau sah nicht so aus, wie ich mir eine Jägerin vorstellte, eher mütterlich, weiblich, mit einem grossen, tröstenden Busen. »Es ist sehr emotional«, sagt sie, und ich schaue wieder ins Buch. »Auch traurig. Aber so ein Tier ist ein Geschenk.« Und sie sei auch stolz auf ihre guten Schüsse gewesen. »Der Schuss auf die Steingeiss ging direkt in die Lunge. Das Tier bäumt sich einmal auf und fällt. Der Schuss auf den Steinbock ging von unten durchs Herz und trat wieder aus.« Die blonde Begleiterin rutscht ein wenig auf der Bank. »Exgüsi«, sagt sie, als sie mich anstösst; nun sieht sie zum Fenster hinaus. Unbeeindruckt ziehen die Churfirsten vorbei, der Walensee liegt da, gletschergrün und für immer. »Ich habe die Tiere zum Metzger gegeben. Und gestern in Stücken eingefroren. Alle meine drei Kinder haben geholfen.« Sie würden zu Hause wenig Fleisch essen, aber das, was sie essen, solle dann auch gut sein. »Es gibt ein Moment der Gier bei der Jagd. Wenn man unbedingt ein Tier schiessen will, dann wartet man oft nicht lang genug, bis man sicher ist, dass man trifft. Manchmal laufen angeschossene Tiere davon, dann müsste man mit dem Hund nachsuchen. Es gibt aber schon Jäger, die machen das nicht, sicher wenige, aber es gibt sie. Ein Tier kann tagelang daliegen, bis es verendet.« Die blonde Begleiterin korrigiert den Sitz ihrer Armbanduhr, eine Mondaine, die kleine Schweizer Bahnhofsuhr mit dem Sekundenzeiger. Das Schiessen von Hirschen und Rehen unterliege strengen Auflagen. »Aber in den Tagen der ›Kronenjagd‹, da dürfen Jäger jeden Hirsch erlegen, auch die stärksten, die Kronenhirsche eben. Ich kann dir Bilder zeigen, ich habe sie auf dem Tablet. Das ist alles schwierig, ich kann die Bilder nicht jedem zeigen. Das ist auch traurig.« Die Freundin nickt und legt ihr die Hand auf den Unterarm. »Später«, sagt sie. Und der rote Sekundenzeiger springt weiter.

Etwa ein Jahr danach, ich hatte wieder eine Jagdsaison verpasst, besuchte ich den Arzt Dr. Lüzza Campell in Pontresina, um mit ihm über die Unfälle im Engadin zu sprechen (→ *Todesarten*). Beim Thema Jagdunfall und angesichts der Trophäen an seinen Wänden kamen wir auf die Jagd. Der Arzt entpuppte sich als begeisterter Gemsenjäger. Aber wie geht das zusammen in einer Seele, das Heilen, das Retten und das Töten von gesunden Tieren? Es war scheinbar derselbe Widerspruch, der auch die schöne Romanin, die Mutter dreier Kinder, aus dem Bistro der SBB beschäftigte. Und Dr. Campell gab zunächst eine Bündner Antwort, und dann erzählte er ein wenig. Von seiner Liebe zu den Gemsen.

Die Bündner Jagd sei ein Volksrecht. Es sei eine Volksjagd, keine Herrenjagd, keine Revierjagd. Dieses Volkskulturgut, das es seit dem Ausgang der Bündner Wirren (→ *Jenatsch und die Bündner Wirren*) gebe, sei als Teil der Freiheit des Volkes zu verstehen. Und dann habe die Jagd sehr viel mit Naturschutz und Naturverbundenheit zu tun. Zur zweijährigen Ausbildung eines Jägers gehörten »Hegestunden«, in denen der zukünftige Jäger für das Wild arbeitet. »Im Frühjahr Wälder und Weiden reinigen, im Sommer die Wiesen am Wald mähen, die Hecken pflegen, Biotope für Frösche und Amphibien anlegen. Im Winter Wildruhezonen sperren. Aber die Schalenwildbestände erhöhen sich. Diese Tiere leben ja nicht in einer menschenfernen, spröden Natur. Ihr Revier ist gepflegte Kulturlandschaft. Hier vermehren sie sich leicht. Die Jagd reguliert das.« Das sei das eine. Dazu komme, dass Wildbret ein hochwertiges Naturprodukt sei. Biologischer gehe es nicht.

Jäger wollten nicht jeden Tiertod. In Pontresina habe man jetzt an einer Strasse eine 600 Meter lange Wildwarnanlage installiert; sie blinke, sobald sich Tiere näherten, das erleichtere dem Autofahrer, rechtzeitig zu bremsen. In anderen Gegenden gebe es Lichter, die, wenn Scheinwerfer sie träfen, blau reflektierten. Das sehe das Wild und sei gewarnt. Blau, lerne ich, ist die einzige Farbe, die Schalenwild, also jagdbare Huftiere, erkennen. Die theoretische Prüfung umfasse Wildbiologie, Umweltwissen und Jagdethik. Wie verhalte ich mich vor und nach dem Schuss?

Und was macht einen guten Jäger aus? Lüzza Campell nickt. »Ein guter Jäger ist einer, der den Finger auch einmal nicht krumm macht. Der die Natur und die Tiere geniesst. Er muss geländegängig und mit der Gegend vertraut sein, den Wildwechsel kennen. Und er kennt die Tiere, die alten, die jungen, die trächtigen, die nichtträchtigen. Er schiesst nicht das falsche Tier. Ein guter Jäger braucht Geduld. Er muss im richtigen Moment Geduld haben und gut schiessen können. Er versucht einen Blattschuss in die Schulter, der geht dann direkt in Herz und Lunge. Oder einen Kammerschuss ins Herz. Man schiesst nicht auf den Kopf. Auch nicht auf den Bauch, dann leidet das Tier. Und der Darm kann getroffen werden. Man vermeidet einen Waidwundschuss, er verschmutzt und entwertet das Wildbret. Ein guter Jäger schiesst aus einer fairen Distanz.« Fair? »Ja, eine Distanz von maximal 150 bis 200 Metern.« Was wäre unfair? »Wenn man von sehr weit schiesst, mehr als 200 Meter. Oder wenn das Tier schlecht steht. Oder wenn es hochflüchtig ist. Da können Sie nicht sicher sein, gut zu treffen.«

Lüzza Campell liebt Gemsen. Für ihn sind sie vielleicht die faszinierendsten Tiere seiner Berge, richtige Gebirgstiere eben. Man nenne die Gemse auch Alpengazelle. »Sie wurde nie ausgerottet. Der Steinbock schon. Doch die flinke Gemse gab es immer im Engadin. Ihr Überlebenswille ist unbändig. Die Gemse ist nicht so behäbig wie der Steinbock und auch nicht so zutraulich.« Zutraulich? »Ja«, sagt er, »an eine Steinbockkolonie kommen Sie leicht bis auf zehn Meter heran.« Einen Steinbock dürfe ein Engadiner Jäger alle zehn bis fünfzehn Jahre schiessen. Gämsjagd hingegen sei jedes Jahr. Aber nicht jeder schiesse eine Gemse. »Weil nicht jeder es will. Und nicht jeder es kann.« Lüzza Campell verschränkt die Unterarme auf dem Tisch. Ich sehe auf eine Gemsentrophäe an der Wand. Die schmale, knochenweisse Oberschädelschale, zwei zierliche, in leichtem Schwung hochgebogene Hörner, an der Seite die Löcher, durch die einst Augäpfel schauten und die nun, vor dem Grund, wie grosse Augen wirken, die zarte Nasenpartie, die ein Lächeln assoziieren lässt. Etwas von der Anmut des schnellen Tieres ist noch da. Eine Trophäe wie ein aufgespiesster Schmetterling.

Und was hat es mit dem Brauch auf sich, einem geschossenen Tier etwas in den Mund zu legen? Ja, sagt er, das sei die letzte Äsung, der letzte Bissen. Man gebe dem Tier etwas von dem Ort, wo es erlegt worden sei. Eine Alpenrose, einen Arvenzweig, ein Edelweiss. Das sei eine waidmännische Handlung. Eine Ehrbezeugung. Er sieht mich an. »Sie empfinden etwas dabei«, sagt er. »Sie bedauern den Tod des Tieres, aber der Tod ist notwendig. Und es bleibt ambivalent.« Aber er schiesse. »Ja«, sagt er. »Aber nicht unbedingt.« Er sei nicht immer in der Stimmung, Beute zu machen. Oft schiesse er nicht. »Wir müssen ja nicht.« Er lehnt sich zurück. Und ich sehe auf die grosse Eule, die mit leicht geöffneten Schwingen auf einem Regal an der Wand hinter ihm wartet.

»Wir Jäger sind doch keine Spitzensportler.«

Jenatsch und die Bündner Wirren

Im engeren Sinn bezeichnen Historiker mit »Bündner Wirren« die Schreckenszeit, als der »Freistaat der Drei Bünde« in den Jahren 1618 bis 1639 einer der Schauplätze des Dreissigjährigen Kriegs wurde (übrigens als einzige Region der künftigen Schweiz). Am schlimmsten betroffen war das Unterengadin. Einfallende Habsburger Truppen brandschatzten die Dörfer, schlachteten die männliche Bevölkerung ab oder nahmen sie als Geiseln. Vertrieben das Vieh. Die meisten Ortschaften des Unterengadins wurden mehr oder minder dem Boden gleichgemacht. Wer konnte, floh ins Oberengadin, nach Chur, ja bis Zürich. Die wenigen Überlebenden vor Ort kämpften mit Hunger, Typhus und der Pest. Die Bevölkerung schrumpfte auf einen historischen Tiefstand.

Was war der Grund für das Schlachten? Während in der Eidgenossenschaft die Reformation in der zweiten Hälfte des 16. Jahrhunderts weitgehend abgeschlossen war, die Grenzen zwischen den Konfessionen so verliefen, wie man sie noch im 19. Jahrhundert vorfand, kam das Land der

Bünde nicht zur Ruhe. Gerade das Engadin erlebte in den Bündner Wirren eine Re-Katholisierung der brutalsten Art. Ausschlaggebend für die Verstrickung der kleinen Alpenregion in die weite Teile Mitteleuropas verwüstenden Dreissigjährigen Krieg war eine unheilvolle Verquickung politischer und religiöser Interessen. Der Freistaat der Drei Bünde mit seinen Gebirgspässen lag zwischen den Herrschaftsgebieten der österreichischen und der spanischen Linie des Hauses Habsburg. Eine Allianz mit den Drei Bünden oder die Unterwerfung des Landes hätte es den Habsburgern ermöglicht, auf kürzestem Weg Truppen aus Mailand (das damals zu Spanien gehörte) nach Tirol zu verlegen. Schon seit Beginn des 17. Jahrhunderts aber hatte Frankreich, der mächtigste Gegner der Habsburger, sich gemeinsam mit der Republik Venedig bemüht, die Eröffnung eines solchen spanisch-österreichischen Transitkorridors via Veltlin oder Engadin zu verhindern. Beide Grossmächte buhlten nun mit Geldgeschenken um die Gunst einflussreicher Bündner Adelsfamilien: Auf der Seite von Frankreich und seinem Bündnispartner Venedig standen die Reformierten, allen voran die Familie von Salis; auf der Seite von Habsburg und dem Herzogtum Mailand die Katholiken, angeführt von der Familie von Planta. Oft versuchte man auch, widerspenstige Gemeinden durch militärische Drohungen einzuschüchtern.

Der offene Konflikt brach aus, als zunächst 1618 an verschiedenen Orten radikale protestantische Prediger gewaltsame Strafexpeditionen gegen die katholischen Habsburg-Anhänger durchführten. Man nannte sie auch »Fähnlilupf«, weil die Wütenden hinter einer aufgerichteten Fahne loszogen und so unmittelbaren körperlichen Druck ausübten. 1620 erhoben sich dagegen die italienischsprachigen Katholiken des Veltlins, um ihre Täler vom Protestantismus zu

reinigen und die verhasste Bündner Fremdherrschaft ab-
zuschütteln. Die Greueltaten sind als »Veltliner Mord« oder
»sacro macello« in die Geschichte eingegangen. Spanische
Truppen marschierten ein, das Veltlin, das seit 1512 zu den
Drei Bünden gehörte (→ *Bünde im Bergland*), war verloren.
Die vertriebenen protestantischen Pfarrer verwandelten
sich daraufhin endgültig in Guerilleros. Ihr Anführer war
der im Engadin aufgewachsene Prädikant Jürg Jenatsch
(1596–1639), ein Mann von eher rauer Gemütsart, der für
seine Neigung zu Gewaltexzessen bekannt war. Ein bewaff-
neter Haufen mit Jenatsch an der Spitze drang im Februar
1621 in das Schloss Rietberg im Domleschg ein und er-
mordete den Freiherrn Pompeius von Planta, das Haupt der
spanisch-österreichischen Partei in Bünden. Das ganze
Pingpong von anschliessenden Greueltaten und Rache-
akten lässt sich kaum aufzählen.

Dreimal fielen in den Zwanzigerjahren österreichische
Truppen von Tirol aus ins Engadin ein und richteten uner-
messliche Schäden an. Die Dörfer wurden eingeäschert, die
Einwohner niedergemetzelt oder zur Flucht gezwungen,
Pfarrer, die nicht zum katholischen Glauben konvertieren
wollten, standrechtlich erschossen oder enthauptet. Die
Unterengadiner mussten 1623 einen Huldigungseid ablegen und waren nun erneut Habsburger Untertanen und
katholisch (ein österreichischer Gesandter verlangte 1629
sogar die Säuberung der Friedhöfe von den protestantischen Toten).

1634 erfolgte der Umschwung durch das Eingreifen
Frankreichs. Kardinal Richelieu, der eigentliche Staatslen-
ker im Reich des Bourbonenkönigs Ludwig XIII., ent-
sandte ein Heer unter Führung des Herzogs Henri de
Rohan, das gemeinsam mit Jenatschs Bündner Regimen-
tern die österreichisch-spanische Heermacht in mehreren

Feldzügen besiegte und in ihre Stammlande zurückdrängte. Nun war Graubünden aber aus einem habsburgisch besetzten Gebiet zu einem französischen Protektorat geworden. Richelieu dachte nicht daran, dem Freistaat der Drei Bünde das Veltlin als Untertanenland zurückzugeben. Daraufhin wurde Jenatsch zum Doppelagenten. Heimlich schloss er ein Bündnis mit Spanien und Österreich (wofür er 1635 sogar zum Katholizismus konvertierte), nahm schliesslich Rohan in Geiselhaft und zwang mithilfe spanischer Truppen die Franzosen zum Abzug. In zähen Verhandlungen der Bündner mit den Habsburgern, in denen sie geschickt die Möglichkeit eines abermaligen Seitenwechsels ins Spiel brachten, erlangten die Bündner schliesslich das politisch bedeutsame Veltlin zurück. Aber es durfte katholisch bleiben. Und das Engadin kehrte zum reformierten Glauben zurück. Bis 1652 kauften sich die Engadiner Gemeinden – zum Teil mit Krediten, die eidgenössische Orte zur Verfügung stellten – von den noch bestehenden österreichischen Herrschaftsrechten los. Und der Senter Pfarrer Martinus ex Martinis schrieb sein vielstrophiges Lied der Freiheit:

Den Ländern und Nationen allen
gab Gott die Güter nach Gefallen.
Als höchstes aber weit und breit
schenkt' er sein Wort mit: Freiheit.

Der Welten Ehr, das Silber, Gold,
solch Schätze ihr nicht missen wollt.
Doch dies, bei Gottes Herrlichkeit,
ist nichts, kennst du: die Freiheit.

Blickst du in Richtung Orient,
nach Süden, Norden, Okzident;
es gibt kein Volk wie wir bereit
zu diesem Gut: die Freiheit.

Kannst säen, schneiden, Ernt' einbringen
die Arbeit machen, dabei singen.
Kannst sagen: meins! von Gott bereit'!
Das macht die edle: Freiheit.

So singe Lob nun unserm Gott,
der uns erhört' in unsrer Not
und unsere Erde himmelweit
gekrönet hat mit: Freiheit.

Definitiv etablierte sich nun auch die konfessionelle und sprachliche Grenze am Talausgang bei Martina und Finstermünz. Im Vinschgau verschwand das Romanische, das dort lange neben dem Deutschen zu hören gewesen war. Im Engadin blieb Tarasp die einzige österreichische Enklave. Fortan wurde es ruhiger im Land. Der Unterengadiner Pfarrer und Hobbyhistoriker Petrus Dominicus Rosius à Porta schrieb 1787, dass seit der Mitte des 17. Jahrhunderts in seinem Land eigentlich nichts wirklich Aufregendes mehr geschehen sei.

Bis zur Besetzung durch französische Truppen und der von Napoleon verfügten Gründung der »Helvetischen Republik« 1798 blieb Graubünden, blieb das Engadin von Kriegen verschont. Es änderte sich auch nicht viel an den sozialen Strukturen und Herrschaftsverhältnissen. Die politische Macht lag bei den Gemeinden, in denen die lokalen Adelsfamilien und die reichen Bauern den Ton angaben. Ökonomisch betrieb man keine Wachstums-, sondern eine

Subsistenzwirtschaft: Es genügte, den Eigenbedarf zu decken. Während andere Alpentäler spätestens im 18. Jahrhundert den Getreideanbau aufgaben und zur reinen Viehwirtschaft übergingen (was zu vermehrtem Handel führte), wurden im Engadin weiter grossflächig Roggen und Gerste angebaut. Noch heute sieht man an den steilen, terrassierten Wiesen mancher Gemeinden, dass dies einst Getreidefelder waren (→ *Herbst*, → *Heu*). Die Engadiner Bauern hielten an ihren tradierten Lebensformen fest und verweigerten sich lange auch einer so nahrhaften Neuerung wie der Kartoffel: Kartoffelfelder waren hässlich, den guten Bauern erkannte man an seinem prächtig wogenden Getreidefeld!

Wer sich ein Bild vom Alltag eines Unterengadiners in dieser Zeit machen will, lese das wunderbare Buch »Bauern und Bären. Eine Geschichte des Unterengadins 1650–1800« von Jon Mathieu. Hier erfährt man, wie mühsam die Bestellung der Felder war, wenn es zum Beispiel galt, im Frühjahr die Humusschicht zu erneuern, und die Erde dafür manchmal Hunderte von Höhenmetern in Tragkörben emporgeschleppt werden musste. Oder wie die Viehwirtschaft die Dörfler zusammenschweisste: zu Brunnen- und Alpgemeinschaften, zu Wegebautrupps, zu Allmendebetreibern, aber auch zu frohen Schlachtgenossen bei der »Hausmetzg«, zur Festgemeinde bei Hochzeiten, zur Trauergemeinde bei Todesfällen. Bis weit ins 19. Jahrhundert hinein, so Mathieu, blieb eine »altväterische Lebensweise« bestehen, die auf Selbstversorgung im Familienbetrieb setzte, eingebettet in die Wirtschaftsstrukturen, das Normgefüge (mit den entsprechenden Kontrollen) und die überkommenen Rituale der jeweiligen Gemeinde. Die enge Lebensweise im »Haufendorf«, das im Talgrund oder noch abgelegener auf einer Sonnenterrasse viele Kilometer von der nächsten Siedlung entfernt lag und von Städten gar durch Gebirgszüge getrennt war, stützte die Bedeutung der Kommune, der Dorfgemeinschaft. »Il cumün« – das war die Welt der Engadiner, auch in dieser Passregion mit ihren durchreisenden Söldnern und Händlern (→ *Cumün*). Bis im 19. Jahrhundert erst langsam und dann in ungeahntem Ausmass die europäische Fremde in Gestalt des Tourismus über das Tal kam (→ *Mineralquellen*, → *Engländer*).

Wer sich genauer für die Geschichte des Engadins und Graubündens interessiert, findet kurze, solide Artikel zu Personen und Ereignissen im »Historischen Lexikon der Schweiz« (HLS), das im Netz frei zugänglich ist. Wer etwas über die Bündner Wirren aus der Sicht einer Frau lesen möchte, dem sei »Violanta Prevosti« von Silvia Andrea (→ *Bergell*) empfohlen. Und wer begreifen will, wie der Gewaltmensch und Doppelagent Jürg Jenatsch im Gedächtnis der Nachwelt zum mythischen Bündner Freiheitshelden aufsteigen konnte, der lese Conrad Ferdinand Meyers »Jürg Jenatsch«, einen historischen Roman, der ziemlich erfinderisch mit der Historie umspringt.

Kleine Helden

Das Engadin hat zwei kleine Helden mit grosser Wirkung: Tredeschin und Schellen-Ursli. Beide verbindet, dass sie, einfallsreich und zäh, gegen viel Grössere und Mächtigere siegen.

»Tredeschin« ist ein Märchen. Es geht auf die Oberengadiner Weissnäherin und Märchenerzählerin Nann' Engel (1803–1873), die »Scheherazade aus Bever«, zurück. Gian Bundi, der bedeutendste Märchensammler des Engadins, zugleich Journalist und Musikkritiker (→ *Chantar*), hörte ihre Märchen im Hause seiner Tante in Bever. Er hat sie in Puter und auf Deutsch aufgezeichnet. Tredeschin kann man zusammen mit anderen Märchen von Nann' Engel etwa in seinem Buch »Engadiner Märchen«, illustriert von Giovanni Giacometti, nachlesen. Bundi schreibt im Vorwort: »Es war einmal eine alte Näherin, die hiess Nann' Engel. Sie lebte in Bever im Oberengadin. Sie war lang und mager, hatte eine grosse Nase und rote Augen. Alle Kinder hatten sie gern, weil sie viele, viele wunderschöne Märchen erzählte.« Obwohl das Märchen »Tredeschin« vermutlich von

Randulins, Engadiner Zuckerbäckern (→ *Randulinas und Randulins,* → *Zuckerbäcker oder Zurückkommen*), aus Italien mitgebracht wurde, gilt es als klassisches Märchen des Engadins. Und teilt somit das schöne Schicksal der Engadiner Nusstorte.

Als Tredeschin, das letzte Kind seiner Eltern, auf die Welt kommt, sind alle Namen der Verwandten schon vergeben, und die Mutter meint kurz entschlossen, er sei der Dreizehnte, so solle er auch heissen: Tredeschin, Dreizehnerlein. Bald erweist sich der Junge als der Gescheiteste und auch als der Musikalischste von allen, aber er will nicht recht wachsen. Er liest gern, ist weltoffen und möchte an den französischen Hof, um sich dort als Stallknecht vorzustellen. Hier zeigt sich schon eine seiner Haupteigenschaften: Demut. Aber sie ist dem Mut verschwistert. Mit seiner Geige und der Gabe, erzählen zu können, landet er am Hof von König Ludwig. Und bald avanciert er vom Stallknecht zum Musiker und zweiten Schreiber. Die Prinzessin mag ihn gern und der König auch. Doch der König verfällt in Melancholie, weil ihm sein schöner Schimmel fehlt, den ihm der Grosstürke im letzten Krieg gestohlen hat. Tredeschin macht sich übers Wasser auf den Weg. Wenn er den Schimmel zurückbringt, darf er die Prinzessin heiraten. Tredeschin gelingt es tatsächlich mit Verstand, Tatkraft und Wein, das edle Tier aus der Palastanlage zu entführen. Im letzten Moment jedoch schreit der Grosstürke ihm hinterher – und jedes Engadiner Kind kennt diesen Ruf: »Tredeschin, lader fin, cura tuornast?« (»Tredeschin, wo läufst du hin? Galgenstrick, wann kommst du zurück?«) Und Tredeschin antwortet: »Übers Jahr, übers Jahr, übers Jahr sehen wir uns beide, mir zum Nutz und dir zu Leide.« Er ahnt, dass er wiederkommen muss. Denn der König wird ihn hinhalten. Bevor er die Prinzessin heiraten darf, muss Tredeschin auf zwei weiteren Reisen noch die Bettdecke aus blauem Brokat und schliesslich den Papagei selbst zurückholen. Obwohl Tredeschin jedes Mal das Gewünschte bringt, wartet er immer ein Jahr ab, bis er demütig nach der versprochenen Prinzessin fragt. Aber er bleibt hartnäckig. Und am Ende sagt der König: »Wahrhaftig, jetzt hast du meine Tochter verdient.« Und die beiden feiern im Schloss eine prächtige Hochzeit.

»Schellen-Ursli« ist ein jüngerer Text. »Hoch in den Bergen, weit von hier, da wohnt ein Büblein, so wie ihr. In diesem Dörfchen, arm und klein, ganz unten steht sein Haus, allein.« Geschrieben hat die Geschichte die ehemalige Kindergärtnerin Selina Chönz (1910–2000), die zweite Frau des Architekten Ulrich Könz (1899–1980), die Stiefmutter des Malers Constant Könz (geb. 1929) und die Mutter des Zeichners, Malers, Geschichtenerzählers und Weltreisenden Steivan Liun Könz (1940–1998) aus → *Guarda*. »Schellen-Ursli« ist eine Geschichte, die an Chalandamarz spielt. Alois Carigiet (1902–1998), der die Familie Könz zwischen 1940 und 1945 jeweils für zwei Monate in Guarda besuchte, hat sie in diesem Unterengadiner Ort angesiedelt. Als Haus des Helden Ursli (in der ursprünglichen romanischen Fassung »Uorsin«) wählte er das alte Engadiner Nachbarhaus mit den dicken Mauern, kleinen Trichterfenstern und der grossen, geschnitzten Holztür. Noch heute ist Haus Nummer 51 leicht aus dem Bilderbuch wiederzuerkennen und wird »Schellen-Ursli-Haus« genannt.

An Chalandamarz, dem 1. März, feiern die Dörfer des Unterengadins mit Kuhglockenklingen, Singen an den Brunnen und Peitschenknallen das Austreiben des Winters. Die Geschichte von Selina Chönz zeigt den kleinen Ursli, der am Vorabend des Chalandamarz-Tags traurig ist, weil er nur die kleinste Glocke bekommen hat und beim Festumzug als Letzter gehen soll. Heimlich macht er sich davon. Er weiss, dass im Maiensäss noch eine grosse Kuhglocke hängt. Die will er holen. Wie Tredeschin unternimmt er eine Heldenreise. Durch den hohen Schnee, in den er dauernd einbricht, über schwindelerregende Brücken erreicht er nach langem Weg endlich das Maiensäss. Er findet die Glocke und ein Stück hartes Brot und schläft müde auf dem Stroh ein. Unterdessen wird er im Dorf vermisst. Beim Eindämmern suchen ihn alle. Die armen Eltern durchwachen die Nacht. »Die Mutter weint. Es tickt die Uhr. Wo steckt der arme Ursli nur? Der Vater findet keine Ruh, schnitzt noch für Ursli eine Kuh. Es schläft das Dorf; sie schlafen nicht und warten bang aufs Morgenlicht.« Als der Junge am nächsten Morgen erscheint, sind alle erleichtert. Er hat die grösste Glocke mitgebracht und darf nun als Kleinster den Chalandamarz-Zug anführen.

Waren es die eingängigen, sicheren Reime, die hinreissenden Zeichnungen, die Pointe, dass der Kleinste siegt, die das Bilderbuch berühmt werden liessen? »Schellen-Ursli« wurde nach dem Zweiten Weltkrieg über eine Million mal verkauft, ein Welterfolg, und ist, besonders nach der jüngsten Adaption in der Verfilmung durch Xavier Koller, ein aufgefrischter Werbeträger im Engadin.

Dass der Junge mit der grössten Glocke den Chalandamarz-Zug anführt, stimmte auch zu Selina Chönz' Zeiten nicht. Wenn man die Kinder in Guarda aufstellte, dann nach dem Jahrgang. In anderen Dörfern nach der Grösse, denn Chalandamarz war auch ein inoffizieller Anlass, die militärfähige Jugend zu taxieren.

La Naiv

Die Substanz. Sie kommt geflogen. Vielgestaltig. Als gesprühter Hauch, als ein Torkeln, Trudeln. Als eine flimmernde Leinwand. Als ein Atem. Sturm. Dann ist sie da.
Für eine Weile. Oder für immer. Meint man.

Sie ändert alles. Sie liegt weich über den Wiesen, den
Dächern als Tuch, als ein weisses Meer; oder wattig, flau-
schig. Dann wieder trägt sie Spuren von menschlichen
Schritten. Zeigt die Wege der Waldtiere. Passagen ungese-
hener Vögel, den Himmel ihrer kleinen Füsse. Sie glitzert
wie gesplittert. Blitzt in winzigen Funken.

Sie bleibt sich nie gleich. Sie ist ein Weiss des Wandels.
Sie kann krustig werden wie erhitzter Zucker, hart wie Eis
oder breiig wie Kompott, wässrig. Sie kann davonfliessen.

Sie verliert ihr Weiss. Ein wenig. Nimmt Farben an. Die
Farben der Schatten, der Winkel. Als Hauch. Blau oder
aprikosenfarben. Wo kommt dieses Licht her?

Die Bäume malen auf ihr mit ihren Körpern. Die Lärchen, diese ästhetischen Streberinnen im Morgenlicht,
flirrende Diven, versuchen es mit der zartesten Zeichnung

auf dem Silsersee. Die Erlen geben ein rauchgraues Aquarell am Inn. Auf ihr steigen in Scherenschnitten die Fichten, die Tannen die Hügel hinauf.

Sie hat viele Namen: »naiv«, »vadret«, wenn sie ewig ist. »Naiv favuogna«, wenn sie schwer ist, »naiv bletscha«, wenn sie nass ist. Ist sie überfroren, hart im Frühling am Morgen, heisst sie »samada«. Wird sie sulzig, nennt man sie verbrannt, »naiv arsa«; sie kann auch faulen, »naiv marcha«.

Ihre Fülle, ihre weisse Überfülle ist kaum zu fassen: »navaglias«, »naivadas«, »naiveras«; sie ist auch ein Schlag: »ün sfrach naiv«, »ün tatsch naiv«, »üna tatschada naiv«. Wenn sie tief ist, ist sie hoch zugleich, »naiv ota«.

Wenn sie kommt, sagen die Leute: »I vain la naiv.«

Sie wird geräumt. Türmt sich an den Seitenstreifen, wird dreckig. Die Schaufeln der Traktoren nehmen sie auf die Ladefläche und fahren sie fort. Sie bleibt als Schliere. Kann frieren. Ein Hund pinkelt auf sie. Noch aus Urin macht sie eine Blüte.

Bis sie wieder geflogen kommt. Unerschöpflich. Vielgestaltig. Als gesprühter Hauch, als ein Torkeln, Trudeln. Ein Grieseln auf einer Leinwand vor dem Film. Ein Sturm.

Oder einfach der Atem eines erfahrenen Schöpfers.

Meer

Weil es nicht da ist, ist es immer anwesend. Als Objekt der Sehnsucht: das Meer.

Im Mai, wenn die Wintergäste fort und die Sommergäste noch nicht gekommen sind, wenn viele Wiesen erst langsam unter dem Schnee sichtbar werden und keine grosse Aufmerksamkeit brauchen, atmet das Engadin durch. Die Bergbahnen stehen still, die meisten Hotels schliessen, die Bäder machen Frühjahrsputz. Und die Engadiner Schulkinder haben zwei Wochen Ferien. Nun ziehen viele Familien an die Strände. Vom Unterengadin aus ist Venedig mit dem Auto in etwa viereinhalb Stunden zu erreichen. Mit den öffentlichen Verkehrsmitteln dauert es bestenfalls knapp sieben Stunden: von Scuol mit dem Postauto bis Martina an der österreichischen Grenze, dann mit dem Bus weiter über den Reschenpass ins Südtiroler Mals. Dort führt eine kleine Bahn bis Meran. Nun nimmt man den Zug über Bozen und Verona. Die Engadiner gehen weniger an den venezianischen Lido als an die Strände der Küstenregion um Caorle und Bibione.

Ein relativ naher Meerzugang ist auch Genua, von dort geht das Schnellboot nach Sardinien. Es gibt zwei Wege zum Ligurischen Meer: Etwas länger, aber ungleich spektakulärer ist die Variante mit der Rhätischen Bahn. Der »Bernina Express« fährt über Pontresina durch das Val Bernina und das Puschlav bis nach Tirano (auch diese Bahnstrecke gehört zum UNESCO-Weltkulturerbe, → *Alpenpässe*). Das Postauto, der »Palm Express«, fährt den Malojapass hinunter nach Chiavenna und dann weiter bis Lugano. Von da ist man mit dem Zug in drei Stunden in Genua.

Viele Senter Familien treffen sich im Mai in Ägypten, liegen nebeneinander am Strand und sprechen Romanisch. Die Zuozer, so erzählt Franziska, die Ärztin des Dorfs, gehen gern nach Dubai. Sonst zieht es die Oberengadiner auch auf die Malediven.

Das Meer ist im Engadin nicht nur Fluchtpunkt einer Sehnsucht nach dem Süden. In den letzten Jahren wurde es zunehmend zu einem Konkurrenten. Im Zuge der Klimaerwärmung wird der Wintertourismus im Tal prekär. Die Stammgäste, manche kommen in der vierten Generation in ihre Ferienheimat am jungen Inn, bleiben treu. Optimale Pistenverhältnisse interessieren sie weniger. (Und Skifahren kann man noch immer! Auch an Weihnachten und am schönsten im Frühling.) Ihnen bleiben das kristalline Licht, die Luft, der besondere kulturelle Flair des Engadins. Sie sind Liebende und brauchen den Klang der Glocken, den Geruch von Arve, Schnee und Heu. Das Bild der Berge in den wechselnden Wettern unter einem erhabenen Firmament. Das vertraute Engadingefühl ist für sie sofort da. Gäste, die im Tal weniger verwurzelt sind, bleiben leichter fort. Sie orientieren sich im Netz über die aktuelle Wetterlage in möglichen Ferienregionen und steigen in ein Flugzeug, das sie alternativ an ein blaues, warmes Meer bringt.

Es gab einmal den Traum, die Engadiner Bergwelt direkt mit dem Meer zu verbinden. 1713, als die bislang spanische Lombardei an das österreichische Habsburg gefallen war, entstand die waghalsige Idee, eine Wasserstrasse zwischen Wien und Mailand zu bauen. Auf dem »Inn-Maloja-Kanal« sollten die Schiffe von Wien aus über die Donau – die ja genau genommen der → *Inn* ist – und weiter auf dem nun offiziellen Inn nach Tirol, durch das Engadin hindurch und über den Malojapass hinunter zum Comer See fahren können. Der Rest, über den Po zur Adria, wäre dagegen ein Kinderspiel gewesen. Doch der steile Malojapass eignete sich nicht als Wasserweg, eher als Wasserfall: stürzt die Strasse doch bis Chiavenna auf einer Strecke von 32 Kilometern um 1480 Meter ab (→ *Alpenpässe,* → *Bergell*).

Aber warum gibt es dann so viele Sgraffito-Delfine an den dicken Engadiner Bauernhäusern? Steivan Könz (→ *Guarda*) hat es verraten: Die Delfine kamen vom Schwarzen Meer und wollten in die Adria. Sie schwammen die Donau, den Inn hinauf und erreichten so das Engadin. Da aber mussten sie dann auf sehr, sehr nasse Augustnächte warten, damit sie bequem über den Malojapass ins Bergell hinuntergleiten konnten.

Ob die Geschichte wahr sei, wurde Steivan Könz oft gefragt, wenn er etwas erzählte. Und er gab seine wunderbare Antwort: Wer frage, ob eine Geschichte wahr sei, habe einfach nicht verstanden, was eine Geschichte ist.

Mineralquellen

Das Engadiner Leitungswasser ist sehr gut. In Sent bekommen wir Wasser aus dem Uina-Tal, im Waldhaus in Sils-Maria wird in schönen Karaffen Wasser aus dem Fextal serviert. Selbstverständlich kostenlos. (Allerdings ist es mir in Guarda passiert, dass für ein Glas Wasser aus der Leitung zwei Franken fünfzig berechnet wurden. Als Einheimische schäme ich mich dann.) Eine Freundin aus Bregenz, die mich besuchte, sagte einmal: Oh, euer Wasser, das ist wunderbar. Und es ist so kalt! Ich verstand erst nicht, was sie meinte. Bis sie erzählte, dass bei ihr zu Hause im Sommer niemals mehr richtig kaltes Wasser aus der Leitung ströme. Manchmal müssen Gäste uns auf unsere alltäglichen Schätze aufmerksam machen.

Bei unseren ersten Winterferien in Scuol gab es das Bogn Engiadina, das Bad mit Gesundheitszentrum, noch nicht. Doch schon im Jahr darauf wurde es eröffnet. Unsere winterliche Freundesgruppe hatte sich vergrössert. Auch ein Bibliothekar aus Weimar war nun dabei, der es sich zum morgendlichen Ritual machte, mit Hut und Lodenmantel vom Hotel Quellenhof hinüber ins Bad zu wandeln, um dort an den Brunnen mit den vier Mineralquellen zu trinken: Bonifazius, Luzius, Sfondraz und Sotsass. Er kam dann bedächtigen Schrittes zurück, grüsste uns freundlich, die wir schon um unsere Müeslis und Gipfeli sassen, und nahm sein Frühstück ein. Mag sein, ein Hauch von Schwefel umgab ihn.

Unser Weimarer Freund knüpfte traditionsbewusst an eine Kultur an, die dem Tal ihr Gesicht gab, auch wenn dieses Gesicht heute nur noch in Fragmenten zu erkennen ist. Der Ursprung des Engadiner Tourismus liegt in seinen Mineralquellen. Im Oberengadin in St. Moritz, im Unterengadin in Tarasp-Vulpera.

Es gibt auf dem Gebiet von Scuol, Tarasp und Sent mehr als dreissig verschiedene Mineralquellen; an manchen Dorfbrunnen der Gemeinden lässt sich das heilkräftige »Sauerwasser« direkt aus dem Hahn trinken. Einen Mineralbrunnen erkennt man daran, dass er zwei Hähne hat. Aus dem einen fliesst Leitungswasser, aus dem anderen – oft in einer rötlichen oder leicht trüben Färbung – das Heilwasser. Es gibt einen Mineralwasserweg, an dem entlangspazierend man die wichtigsten Quellen kosten kann.

Die wohltätige Wirkung der Engadiner Quellen war lange bekannt; der grosse Zürcher Arzt und Universalgelehrte Conrad Gessner hat 1562 seine Ischiasbeschwerden hier erfolgreich therapiert: »Seit ich im vorigen Sommer in den Rhätischen Alpen die Salzquelle getrunken, befinde ich mich immer wohl, und zwar weit besser als seit Jahren.« 1822 analysierten der Arzt Johann Anton Kaiser und der Arzt und Apotheker Georg Wilhelm Capeller die mineralreichen Unterengadiner Wasser und versandten begeisterte Berichte. Eine Erfolgsgeschichte begann. 1843 wurde eine erste Trinkhalle auf der rechten Innseite erbaut. An ihrer Stelle konnte 1876 die schöne, heute geschlossene »Büvetta« (Trinkhalle) eröffnet werden. Sie wurde errichtet im Auftrag der 1860 gegründeten »Tarasp-Schulser-Aktiengesellschaft«, die auf das beginnende Bäderwesen setzte. Erst der weitere Ausbau der Verkehrswege – 1862 wurde die Talstrasse durchs Unterengadin fertiggestellt, 1867 folgte die Strasse von Scuol nach Vulpera, seit 1913 verband die Eisenbahn St. Moritz mit Scuol – schuf die Voraussetzungen für die Blütezeit des Kurorts »Tarasp-Schuls«. Sogenannte Tourismusbanken wie etwa die »Engadinerbank J. Töndury & Cie.«, die auch Johannes Badrutt den Kauf der Pension Faller möglich machte (→ *Engländer*), mobilisierten in- und ausländisches Kapital. So wuchs und gedieh ein Paradies der Wassertrinker. Das im Juli 1864 eröffnete Kurhaus Tarasp (später Scuol Palace, für einige Jahre das grösste koschere Hotel Europas, heute geschlossen) diente als Vorbild für zahlreiche prominente Grandhotels, die nun entstanden. In den Jahren vor dem Ersten Weltkrieg wetteiferten sie um die anspruchsvollen Gäste mit technischen Neuerungen wie elektrischem Licht, Zentralheizung, fliessendem Wasser auf jedem Zimmer. Die nobelste Adresse war lange das Waldhaus Vulpera, als Künstlerhotel das Unterengadiner Pendant zum → *Hotel Waldhaus Sils-Maria*. Hier wohnte als regelmässiger Gast Friedrich Dürrenmatt, der das Hotel am Ende seines letzten Romans »Durcheinandertal« durch Brandstiftung in Rauch aufgehen liess. Kurz nach dem Erscheinen des Textes, im März 1989, brannte das Hotel tatsächlich ab (weshalb die Ermittler Dürrenmatt als Zeugen befragten). Wo einst das Grandhotel Waldhaus Vulpera stand, liegt nun ein kleiner Park.

In seinen »Streifzügen durch das Engadin« von 1898 gibt der Schweizer Journalist und Schriftsteller Jakob Christoph

Heer (1859–1925), Autor des von Ernst Lubitsch verfilmten Erfolgsromans »Der König der Bernina«, einen intimen Einblick in die vergangene Kultur des Kurens. Sie beginnt bereits früh am Morgen:

> … zwischen sechs und acht Uhr, wenn man nach der statt-lichen, von einer Kuppel überwölbten Trinkhalle hinübergeht, wo um diese Zeit bereits das Orchester spielt. Vom Kurhaus herüber, von Vulpera herunter, von Schuls und Fetan strömen die Gäste, während der Hochsaison wohl tausende, in einer Völkerwanderung nach der Halle und lassen sich in der reizen-den Rotunde aus dem Becken, wo die Glaubersalzquellen sprudeln, den Trank reichen. Unablässig haben die beiden Schöpfer Arbeit. Wohl bekomm's! Einige trinken das eigen-tümlich schmeckende Wasser mit Behagen, andere mit Todes-verachtung, noch andere kauen und würgen daran, als ob es von Sohlleber wäre, aber sie trinken doch alle.

Reges Leben herrsche auch auf der Rückseite des Wandel-gangs der Halle, wo Verkäuferinnen »mit ihren kleinen Nippchen und Bedürfnisartikeln« ein gutes Geschäft mach-ten. Solange man sich in Tarasp aufhalte, trinke man Wasser und ergehe sich »auf den kühlen Waldpromenaden am rechten Ufer des Inns«. Auch der Stuhlgang wird stilvoll gepflegt in den »koketten Promenadenklosetts«, die in kur-zen Abständen an den lauschigen Stellen stehen »und sich dem Spaziergänger öffnen«.

Nach der Toilette gibt es Frühstück im Park. Es sei »das Köstlichste, was man sich auf Erden denken kann. Blumen-duft, Sonnengaukeln, Flussrauschen, Musik, kleine Tische in grünen Boskets, frische Hörnchen und frische Zeitun-gen.« Ein prächtiger Appetit stelle sich ein, »ein wahrer Wildfanghunger wie in glücklichen Jugendtagen«.

Der Erste Weltkrieg führte zum Einbruch des Bädertourismus. Den Ausbau des Wintertourismus, von dem
St. Moritz in den Zwanziger- und Dreissigerjahren so profi-
tieren sollte (→ *Engländer*), verschliefen die Unterengadiner.
Die Hotels boten noch lange ausschliesslich Sommerbetrieb
an (das Hotel Schweizerhof in Vulpera hatte 1975 seine erste
Wintersaison, das Kurhaus Tarasp erst 1982). In dem Mass,
da der Schnee an Bedeutung gewann, wurde das Wassertrin-
ken auf der Südseite des Inns vergessen. Das Skifahren kam
in Mode, Trinkkuren waren etwas für Greise. Die aber hies-
sen nun Senioren und wollten zu den Jüngeren gehören. Die
Grandhotels im Stil von Renaissance-Palästen waren bald
nicht mehr rentabel zu bewirtschaften, manche verfielen.

Der 2012 gegründete »Verein Pro Büvetta Tarasp« möchte
die Trinkhalle wiederbeleben und das Bewusstsein für die
Kraft der Wasser stärken; im alten Bäderhaus, wo einst
»Stahlbäder« verabreicht wurden, arbeitet seit zwanzig
Jahren eine Kulturstiftung (heute unter dem Namen
»Fundaziun Nairs«) mit einem Artist-in-Residence-Pro-
gramm. Beide Institutionen unterstützen sich. Denkbar,
dass es im 21. Jahrhundert, wo Langsamkeit zum Luxus geworden ist, zu einer Renaissance des Heilwassertrinkens
und einer neuen Kultur des Kurens kommt. Die guten
Quellen würden mitspielen.

In St. Moritz sollen Ur-Engadiner bereits 1411 v. Chr. eine
Eisensäuerling-Quelle genutzt haben. Die prähistorische
Fassung der St.-Mauritius-Quelle, ein Lärchenstamm,
wurde 1853 wiederentdeckt. Das ganze Mittelalter und die
Frühe Neuzeit hindurch scheint dieser Brunnen bekannt
und beliebt gewesen zu sein. Papst Leo X. soll Pilgern, die
bereit waren, ihm das St. Moritzer Wasser zu bringen, völ-
lige Absolution versprochen haben; Paracelsus trank hier

und schrieb begeistert die erste wissenschaftliche Abhandlung über das St. Moritzer Heilwasser. Ende des 17. Jahrhunderts zogen hochrangige Adlige wie der Herzog von Savoyen oder die Herzogin von Parma mit grossem Gefolge über den Maloja – die Herren ritten, die Damen wurden in Sänften getragen –, um an der St.-Mauritius-Quelle Heilung zu finden. Doch bis ins 19. Jahrhundert hinein verlief das Leben der Bergbauern und das der internationalen Aristokratie unabhängig voneinander. Erst mit der Entdeckung der Paracelsusquelle 1815 begann der Aufstieg der Siedlung zum Weltkurort.

Wie in der Region Schuls-Tarasp-Vulpera entstanden auch in St. Moritz die grossen Hotelanlagen ursprünglich für kurende Mineralwassergäste. Als 1886 eine dritte Quelle – die »Funtauna Surpunt« – entdeckt wurde, baute man gleich daneben das Luxushotel Stahlbad (später abgebrannt). Diese Grandhotels schmückten sich im Stil vergangener Epochen. Die Trinkhalle von Tarasp (1876) ist reinste Neo-Renaissance, das Badrutt's Palace in St. Moritz (eröffnet 1896) zitiert die Ritterburg. Renaissance, Barock, Klassizismus, Romantik, Jugendstil – die Architekten hatten freie Hand, zu mischen und die heilenden Quellen, in historischer Überhöhung, noch einmal zu fassen. Im Geist des Bündner Heimatschutzes wurden manche Hotels engadinisiert, wie etwa das 1901 umgebaute Hotel Margna in Sils-Baselgia, von dem der Architekt Nikolaus Hartmann jun. (1880–1956) sagte, es sei ein »heimeliges Gasthaus, breit und behäbig nach alter Engadiner Art aufgebaut, in nichts an das unruhige Getriebe internationaler Grandhotels erinnernd«.

Mit der touristischen Erschliessung der Schweiz verwandelten sich viele Berggemeinden in moderne Dienstleistungszentren. Nirgendwo ist dies greifbarer als in St. Moritz. Die

ausladenden Hotelanlagen passten nicht in die alte Gassen-
struktur; es entstand eine neue, den Talgrund und die unteren Hanglagen nach und nach aufzehrende Siedlungsform.
Der Tourismus brachte Arbeitsplätze und führte zu einer
historischen Kippfigur. Das Engadin, das Tal der Auswanderer, wurde zum Ziel der Einwanderung. Zwischen 1850
und 1930 stieg die Einwohnerzahl von St. Moritz von 228
auf 3968. Nicht nur Engadiner, Bewohner des Bergells oder
des Puschlavs waren gekommen, sondern bald auch auslän-
dische Arbeitskräfte, zunächst aus Italien, später vermehrt
aus Portugal. Es entstand, so das »Handbuch Bündner
Geschichte«, jene tourismustypische wirtschaftliche »Mo-
nokultur, in deren Zentrum die Hotels standen, um die
herum sich ein abhängiges Gewerbe ansiedelte«. Auf
4000 Einwohner kamen laut St. Moritzer Adressbuch von
1933 allein 49 Hotels und Pensionen sowie vierzig Restaurants. Daneben zahlreiche Architekturbüros, Baufirmen
(die den festangestellten oder selbstständigen Handwerkern
des Oberengadins den Lebensunterhalt sicherten), Anwalts-
kanzleien, Ärzte, Apotheken, Blumen-, Schmuck- und
Kleidergeschäfte, Kinos. Die Fremden sollten in der Ge-
genwelt der Berge ihren gewohnten Wohlstand nicht ver-
missen.

Bis zum Ersten Weltkrieg blieb St. Moritz, blieb das Engadin ein Ziel der Wasserkurenden. In St. Moritz entwickelte
sich mit der Erfindung des Wintertourismus im oberen
Dorf (→ *Engländer*) zwar bereits das neue Profil des mondänen Höhenluftkurorts. Das Bäderwesen wurde aber nicht
vernachlässigt. Die Spezialisierung sicherte Stammkunden.
In Graubünden hatte sich eine Art Arbeitsteilung der Regionen ergeben: Die Lungenleidenden gingen nach Arosa
und Davos, die Heilwassersuchenden nach St. Moritz und

Schuls-Tarasp. Für die Alpinisten gab es schon um 1900 ein aufregendes Angebot in Pontresina.

Als erste Adresse des Wintersports präsentierte sich St. Moritz öffentlichkeitswirksam mit der Austragung der zweiten Olympischen Winterspiele 1928. Dieses Datum lässt sich symbolisch als endgültiger Übergang vom Bäderkurort zur Ski-, Schlitten-, Bob-, Skeleton- und Eislaufregion markieren (→ *White Turf*, → *Engländer*). Pünktlich zur Olympiade 1928 fuhr die Corviglia-Seilbahn, ab 1935 gab es die ersten Skilifte. Zunehmend blieben in den folgenden Jahren damit auch die oberen Hanglagen dem Sport vorbehalten; die verbliebenen Bauern, die ihre Wiesen nur noch eingeschränkt oder gar nicht mehr landwirtschaftlich nutzen konnten, verdingten sich dafür im Nebenerwerb als Liftwärter, Pistenpräparateure oder Skilehrer. Ab den Zwanzigerjahren kam es zum Aufschwung der sogenannten Parahotellerie. Das Ferienhaus, die Zweitwohnung wurden zu begehrten Objekten. Bald übertraf die Zahl der Ferienhausbetten die der Hotels und Pensionen. Das Landschaftsbild veränderte sich abermals durch ausgedehnte Neubausiedlungen (vermehrt in den Siebziger- und Achtzigerjahren), deren Häuser mit ihren oft monatelang geschlossenen Fensterläden bekunden, dass hier niemand wirklich wohnt. Das neue Schweizerische Zweitwohnungsgesetz vom Januar 2016 ist der Versuch, dem jahrzehntelangen Wildwuchs dieser Agglomerationen Einhalt zu gebieten. Besonders im Oberengadin ist damit die Hoffnung verbunden, dass Gemeinden wie Silvaplana, Surlej, Champfèr oder auch weite Teile von St. Moritz in der Zwischensaison irgendwann einmal nicht mehr wie Geisterdörfer wirken. Und dass selbst einheimische Familien es sich leisten können, dort eine Wohnung zu mieten.

Morins

Wo sie herkommen, ist nicht sicher. Und unklar bleibt, wie sie entstanden sind: die Mohren-Ohrringe, dieses alte Erkennungszeichen der Engadinerinnen. (Es ist nicht möglich, von den Morins politisch korrekt zu erzählen. »Mohren« sind keine Schwarzafrikaner. In meiner katholischen Kindheit betete man das »Ave Maria« noch mit der Formel: »Gebenedeit seist du unter den Weibern / und gebenedeit sei die Frucht deines Leibes, Jesu.« Gegen meine Pubertät hin wurde das dann korrigiert in »Gebenedeit seist du unter den Frauen«, was mein Vertrauen in die katholische Kirche nicht eben gestärkt hat. Ich will nicht sagen, dass ich dann allein wegen der Zerstörung der schönen Klangfolge »gebenedeit – seist – Weibern – deines Leibes« ausgetreten bin. Später, ich betete nicht mehr, sondern las Gedichte, verkam noch der »Mohrenkopf« zum »Schaumkuss«, und ich nahm mir vor, einmal über die »Sehnsucht des Weibes nach dem Mohren« zu schreiben. Es blieb bei dem Vorsatz.)

Die zierlichen, kostbaren Morins, die kleinen Mohren an den Ohren der Engadinerinnen (selten sieht man sie auch als Anhänger an einer Halskette), künden von einem alten Zauber, den das Morgenland, der Orient, die Ferne der aufgehenden Sonne einst auf Europäer ausübte. Es gibt sie in zwei Ausführungen: als schwarzen König oder als schwarzen Sklaven. Ihre Grösse kann variieren. Sie sind äusserst aufwendig aus Gold und weisser und schwarzer Emaille gearbeitet. Der Körper, das heisst die Brust von König oder Sklave, ist nur als schwarzer Bogen angedeutet. Dann entsteigen aus einem kleinen, goldenen Kragenfächer ihre Köpfe: ein schwarzes, ja gegen das Gold leicht blau- schwarz schimmerndes Gesicht mit goldenen Punkten als Augen und Mund und winzigen goldenen Halbmonden als Ohren an den Seiten. Der König trägt eine hohe, sich nach oben weitende Krone aus goldgefassten, weissen Blüteno- valen, die je einen schwarzen Punkt in der Mitte tragen. Des Sklaven Kopf schmückt ein goldener Turban, der an den Seiten mit dem weissen Blütenmuster (je ein Oval trägt, wie beim König, einen schwarzen Punkt) verziert ist. Die Gold- und Emaille-Elemente sind so fein ineinander- gefügt, dass man sie gern mit der Lupe bestaunen möchte.

Ursprünglich stammten die Morins aus Kroatien, sagen manche, von dort seien sie in die italienischen Hafenstädte, zumal nach Venedig, gekommen. Und die Engadiner Zuckerbäcker (vor allem die aus Sent), die in der Lagunen- stadt ihr Glück suchten, hätten, wenn sie es fanden, diese Ohrringe in ihre Heimat gebracht. Tatsächlich tragen viele Senterinnen heute noch Morins. Wer weiter fragt, wird vielleicht eine Geschichte wie die folgende hören: Es war einmal ein König, der hatte eine junge Frau, die sich in einen seiner Sklaven verliebte. Die beiden trafen sich heim- lich im Königsgarten und waren glücklich miteinander. Als der König davon erfuhr, liess er den Sklaven töten. Aus Kummer darüber nahm sich die Königin das Leben. Die

Morins erinnern an diese Tragödie. Warum aber gerade die Engadinerinnen ein Symbol verbotener Liebe aus dem Orient am Ohr tragen, bleibt rätselhaft.

Die Morins werden traditionell von der Mutter an die Tochter, von der Schwiegermutter an die Schwiegertochter weitergegeben. Alte Morins kann man kaum kaufen (eher bekommt man sie geschenkt). Es gibt heute einen einzigen Goldschmied in Valendas im Safiental, der sie manchmal noch nach den alten Mustern herstellt. Als junger Mann arbeitete er in Scuol im Unterengadin und wurde dort auf diesen besonderen Schmuck aufmerksam. Als man ihn bat, neue Morins herzustellen, lernte er das Emaillieren und arbeitete nach den alten Modellen. Wer Morins von ihm kaufen möchte, sollte auf die Frage gefasst sein, wer diesen Schmuck tragen soll. Eine Engadinerin oder eine Frau, die dem Engadin eng verbunden ist? Er macht keine Reklame, und er fertigt Morins nicht unter wirtschaftlichen Gesichtspunkten. Denn er möchte, dass dieser Schmuck etwas Besonderes bleibt, ein altes Zeichen einer tragisch-schönen Liebe. Ausdruck des Engadin-Gefühls »increschantüm« (→ *Randulinas und Randulins*) zu einer besonderen Landschaft. (Vielleicht wäre das jetzt die Geschichte von der »Sehnsucht des Weibes nach dem Mohren«?)

Muskelkater

Es ist möglich, das Engadin zu geniessen, ohne sportlich zu sein. Die Gondeln bringen einen mühelos in die schönsten Höhen. Das unermüdliche Postauto hält bei den verwunschensten Weilern. Im Juni am Rand einer Unterengadiner Blumenwiese (→ *Fluors*) zu sitzen grenzt an eine religiöse Erfahrung. Wer sich aber gern bewegt, wird hier die unterschiedlichsten Möglichkeiten finden, seine Muskeln auszubilden. Es ist einfach schön, diese sich dauernd selbst überbietende Landschaft mit dem ganzen Körper zu erfahren. Das Engadin kann sportlich machen. In unserer Strasse lebten zwei über neunzigjährige Männer, die sich gegenseitig in Spaziergängen herausforderten. Eisern sah man sie jeden Tag mit ihren Teleskopstöcken in einen Wettstreit treten. Bei der Traversada, der Durchquerung des Senter Gemeindegebiets von der Heidelberger Hütte zur Sesvennahütte (→ *Cumün*), wandern Frauen mit, die viel älter sind als ich und viel schneller.

Vor unserem Umzug ins Engadin wollte ich mir körperlich bewusst machen, was ich tat: von einer Universitätsstadt in ein Bergdorf ziehen. Mit einem Schriftstellerkollegen und Semi-Radfahrprofi legte ich die Strecke Tübingen–Sent auf meinem neuen Fahrrad (ein Geburtstagsgeschenk zum Fünfzigsten) zurück. Knapp 320 Kilometer: von Tübingen nach Friedrichshafen, über den Bodensee; dann den Rhein entlang, durchs Prättigau bis Klosters; weiter über den Wolfgangpass Richtung Davos und endlich den Flüelapass hinauf (Wurstsalat und Apfelsaftschorle auf der Passhöhe bei den Seen) und – Glück kann auch ein schneeiger Fahrtwind im Hochsommer sein – hinunter ins Engadin! Ich war ziemlich stolz auf mich.

Engadiner kann ich mit dieser »Leistung« (bei zwei Übernachtungen!) nicht beeindrucken. Der Engadin-Radmarathon führt von Zernez über den Ofenpass nach Livigno, dann über die Forcola di Livigno und den Berninapass nach Pontresina hinunter, von dort zurück nach Samedan, La Punt, an Madulain vorbei wieder durch Zernez nach Susch. Von Susch geht es über den Flüelapass bis Davos. Anschliessend fährt man über Schmitten und Alvaneu den Albulapass hinauf, passiert Bergün, das Albula-Hospiz und kommt mit der Abfahrt über La Punt und Madulain wieder zurück zum Ausgangspunkt. Dabei werden knapp 4000 Höhenmeter auf einer Strecke von 211 Kilometern zurückgelegt. Die Teilnehmerzahl ist auf 1500 Radfahrer beschränkt. (Gefährlich bleibt es trotzdem, und die Autofahrer, die manche Strecken mit den Radlern teilen, fluchen.) Die Schnellsten schaffen die Strecke in etwa sechs Stunden. Wer üben möchte, kann es mit dem kleinen Marathon über 1325 Höhenmeter auf 97 Kilometern versuchen.

Es gibt im Engadin Berge, Seen und Wind. Und einen Fluss. Und das alles bei 320 Sonnentagen im Jahr.

Beginnen wir im Sommer. Die Berge lassen sich mit dem Mountainbike meistern, man kann sie »mit Seil und

Haken, den Tod im Nacken« beklettern. Oder sich ihnen höflich wandernd nähern. Detailinformationen gibt es in jeder Ferienwohnung, jedem Hotel. Und überall öffnen Tourismusbüros ihre Türen. Eine besondere Region für Wanderer ist der Schweizer Nationalpark mit seinen Macunseen. Auf 21 Routen zwischen 1400 und 3200 Meter Höhe (die allerdings nicht verlassen werden dürfen) können sie in eine sich selbst überlassene Natur eintauchen. Sie sollten sie aber in Ruhe lassen: kein Edelweiss abpflücken und keinen Stein einstecken, kein Feuer machen! Abfall immer mitnehmen. Hunde sind nicht erlaubt. Jährlich kommen 150 000 Besucher in diese geschützte Zone. Nur wenn sich alle an die Regeln halten, kann sie bewahrt werden. Manchmal kann es plötzlich dunkel werden, und wenn man hochschaut, sieht man die ungeheure Schwärze eines Bartgeiers mit seiner Flügelspannweite von mehr als drei Metern. Steinböcke lagern (Fernglas mitnehmen!), Murmeltiere pfeifen. Und im Oktober röhren die Rothirsche ihr Liebesleid zum Steinerweichen. Wer in diesem Refugium übernachten möchte, kann dies auf der schönen, 1910 errichteten Chamanna Cluozza. Das Hotel Il Fuorn am Rand des Nationalparks ist ein idealer Ausgangspunkt für Wanderungen. Ein Besuch im modernen Nationalparkzentrum in Zernez wäre eine gute Vorbereitung auf einen Besuch des Parks oder eine Möglichkeit, einen Regentag (auch mit Kindern) sinnvoll zu verbringen. Hier kann man in neun interaktiven Stationen auch etwas zu Leben und Werk des Braunbären (→ *Uors*) erfahren.

Die elementarste Information für Wanderer ist neben der Wettervorhersage die Wanderkarte. Ich werde nie vergessen, wie Hans Magnus Enzensberger nach einer Lesung im Waldhaus in Sils-Maria dort eine Karte für das Oberengadin, Massstab 1:50 000, kaufte, sie auseinanderfaltete und in stiller Andacht studierte. Er hatte nicht etwa vor zu wandern! »Schaut«, sagte er und fuhr mit der Fingerspitze die filigranen Höhenlinien nach, »schaut, sie haben das alles, alles genau aufgezeichnet.« Seither sehe ich diese Karten anders: als erzählende Kunstwerke. Die man, wie manche Literatur, langsam lesen lernen muss. Zugegeben, moderne Wanderer (und Biker und Tourengeher) haben ein GPS dabei.

Es geht auch höher hinauf. Nicht nur die Wanderer, auch die Bergsteiger finden traumhafte Routen. Wenn ich vor der Segantinihütte sitze und auf die Berninagruppe schaue (→ *Höhe*), denke ich an meine Freundin Karin, eine leidenschaftliche Alpinistin, die immer wieder von ihren Lieblingsrouten erzählt. Sie schwärmt vom Biancograt, »dieser elegant geschwungenen Firnlinie zum Piz Bernina«. Oder dem benachbarten Eselsgrat, der auf den Piz Roseg führt. Auf den Piz Palü komme man nicht nur auf dem Normalweg, sondern auch über drei markante, »anspruchsvollere« Pfeiler. Wenn sie so erzählt, fröstle ich. Die beste Sicht auf die schneegleissenden Berninagipfel habe man von der 2755 Meter hohen Fuorcla Surlej, dort gebe es auch ein schönes Berghaus und einen Bergsee. Und tröstend kann sie dann hinzufügen, dass man dorthin auch auf einer unschwierigen Höhenwanderung von St. Moritz, von Sils-Maria oder auch aus dem Rosegtal hinkommt. Ich danke. Und sie erzählt unbarmherzig weiter von attraktiven, aber nicht harmlosen Gipfelzielen wie dem Piz Kesch oder dem Piz Linard, dem höchsten Berg der Silvrettagruppe. Seine beeindruckende Silhouette sieht man von Zernez aus.

Wem solche Besteigungen zu langsam seien – sie will mich quälen –, dem biete das Engadin ideales Gelände für Trailrunning. Diese noch junge Sportart, sagt sie, ein Langstreckenlauf über Stock und Stein, finde in der Schweiz zunehmend Anhänger. Seit 2012 trägt Graubünden mit dem Swiss Irontrail den längsten und anspruchsvollsten Ultramarathon in den Alpen aus. Er startet in Davos und führt auf einer Strecke von 200 Kilometern und mit einem Höhenunterschied von 11 400 Höhenmetern auch über Muottas Muragl, die Fuorcla Surlej, Maloja und den Septimerpass. (Mir tut beim Zuhören schon alles weh.)

Doch wer es gern etwas steiler hätte und sich wohlfühle, »wenn seine Zehenspitzen auf kleinsten Unebenheiten im rauen Granit Halt suchen«, für den gebe es eben nichts Schöneres als die Felswände des → *Bergells*. Die Kletterrouten rund um den Albigna-Stausee seien leicht zu erreichen, sie genügten den verschiedensten Ansprüchen. Und wenn sie dann von den »Paradegipfeln des Bergells« spricht, den »Pizzi Gemelli, dem Cengalo und dem Badile«, vertiefen sich ihre graublauen Bergaugen jedes Mal. Und ich höre noch ihr Seufzen: Wie schön es sei, »über die Nordkante des Badile zu tänzeln, seine Nordostwand auf den Spuren der italienischen Bergsteiger-Legende Riccardo Cassin zu durchklettern«.

Gut, gut. Aber man kann auch auf der kleinen Friedhofsmauer von Soglio sitzen und den Blick hinüber zu der schimmernden Verlockung aus der Ferne geniessen.

Muss ich erwähnen, dass man im Engadin Tennis spielen, golfen, Bogen und Tontauben schiessen und ganz wunderbar reiten kann? Aber nun zu den nasseren Sportarten: Der Inn und die Oberengadiner Seen, auch die vielen kleinen Bergseen sind interessante Gewässer für Fliegenfischer und Angler. Kanuten, Ruderer lassen sich über stille Seen gleiten; wegen seiner Windverhältnisse gilt der Silvaplanersee als Mekka für Surfer und Kitesurfer. Im Sommer ist das

Blau des Sees bunt von Segeln. Der Inn lädt Unerschrockene ein zu Wildwasser-Kajakfahrten der verschiedensten Schwierigkeitsstufen durch Schluchten und flachere Passagen. Und wer sich nicht selbst mit der Gewalt des Flusses messen mag und das Inn-Abenteuer doch erleben möchte, der darf in ein Gummiboot steigen und sich beim River-Rafting von erfahrenen Paddlern mitnehmen lassen. Im Inn baden würde ich eher nicht. Oder wirklich nur an den Stellen, an denen auch Einheimische ins Wasser gehen. Vielleicht am Campingplatz in Sur En unterhalb von Sent, wo es reizvolle Felsen im Fluss gibt, die mit wenigen Schwimmzügen erreicht werden, sie sind schön zum Sonnenbaden.

In Sur En beginnt auch ein Seil- und Kletterpark für Kinder und Erwachsene. Auf sieben Parcours zwischen einem und vierzehn Metern über dem Waldboden kann jeder seine Muskelkraft, seine Koordinationsfähigkeit und seine Höhensicherheit ausprobieren. Freunde von uns, eine durchaus sportliche Mutter und ihre beiden halbwüchsigen Söhne, kamen begeistert, aber auch mit blauen Flecken zurück.

Also doch lieber schwimmen! In den klaren Oberengadiner Seen, auch wenn sie meist kalt sind. Oder im wärmeren Lej Marsch, einem Moorsee in einem Wäldchen oberhalb des Campingplatzes St. Moritz. Sehr schön ist es im Stazer See, der zwischen St. Moritz und Pontresina in einem Hochmoor liegt. Man schwimmt in einem Rund von Schneegipfeln und glaubt sich in einer Postkarte. Oberhalb von Tarasp im Unterengadin gehen Mutige in den Lai Nair, einen nun wirklich schwarzen Moorsee, in dem Baumstämme aus dem Wasser ragen. Weniger Mutigen bleiben noch die Freibäder in Scuol, Vulpera (von besonderem alten Charme, aber kalt!) und St. Moritz.

Und man kann fliegen! Mit dem Segelflugzeug von Samedan aus. Oder mit dem Drachen oder einem Gleitschirm von überall, wo es hoch ist und windig, unter einem blauen Himmel.

Fast all dies geht im Winter auch, in Varianten. Die Schwimmer ziehen in die Hallenbäder (Scuol, Zernez, St. Moritz), die Wanderer nehmen die Schneeschuhe oder bleiben auf den perfekt präparierten Schneewanderwegen. Die Eiskletterer (aus ganz Europa) ziehen in die Schlucht bei Pontresina. Hier steigen sie mit Pickel und zwei Eisgräten gefrorene Wasserfälle hinauf (nicht ungefährlich, denn im Unterschied zum Gestein ändert sich das Eis jeden Tag, es ist lebhaft, wächst, birst). Und mit ein wenig Glück erlebt man Schwarzeis: Falls die Seen frieren, bevor es schneit, verwandeln sie sich in riesige Schlittschuhfelder. Auf dem Lago Bianco am Berninapass oder auf dem Silvaplanersee trifft man nun die Snowkiter oder die Eissegler. Und in Sur En, da, wo im Sommer der Seilpark ist, kann man auf einem drei Kilometer langen, täglich neu präparierten Natureis-Rundweg durch den Wald Schlittschuh laufen. Es gibt dort auch einen achtzehn Meter hohen Kletterturm und ein Iglu. Und ein Feld zum Eisstockschiessen. Die Angler haben Pause.

Die Mountainbiker schnallen die Skier an oder greifen zum Snowboard. Die Skigebiete im Engadin sind überschaubar und vielfältig. Die wichtigsten weissen Areale sind im Oberengadin Furtschellas und Corvatsch auf der Südseite bei Sils und Surlej, dann gegenüber, auf der Nordseite, Corviglia/Piz Nair oberhalb von St. Moritz und Celerina. (Von St. Moritz nach Celerina verlaufen auch die beiden Eisbahnen für das Bob- und Skeletonfahren (→ *Engländer,* → *Noblesse oblige*). Wem es gefällt, der kann zwischen den beiden Skigebieten auch mit dem Hubschrauber hin- und herfliegen. Von Pontresina aus in Richtung Berninapass liegt die Skiarena der Diavolezza; die Abfahrt den Gletscher hinunter ist leicht, die durch die Schlucht hindurch grandios. Vielleicht wäre noch die kleine Anlage von Zuoz zu nennen, die mit ihren fünf Liften bei Familien sehr beliebt ist. Auch in Samedan und Bever gibt es die Möglichkeit, Ski zu fahren. Dann folgt im Unterengadin das grosse Skigebiet von Ftan, Scuol und Sent, die Motta Naluns. Hier führt von der Bergstation Salaniva eine dreizehn Kilometer lange Strecke nach Sent hinunter, die sogenannte Traumpiste, die zu den schönsten und längsten Abfahrten der Alpen gehört. Leider geniessen die Senter Jugendlichen weniger die unglaubliche Aussicht während der Abfahrt, den schönen Wechsel von weisser Höhe zu den Waldpassagen und endlich die Strecken durch die Wiesen, die im Frühling schon duften, sondern machen es sich zum Sport, ihre Traumpiste in Rekordzeit zu bewältigen. Das heisst, sie fahren von Salaniva Schuss hinunter. Ich sage jetzt nicht, in welcher Zeit. Wegen der weit ausschwingenden, zum Teil auch nicht präparierten Hänge ist die Motta Naluns bei Snowboardern sehr beliebt. Das alte Hotel Quellenhof in Scuol, wo unsere ersten Engadinferien begannen, ist neben der schönen Jugendherberge eine ihrer beliebten Unterkünfte geworden.

Weiter den Inn hinunter bei Vinadi biegt eine abenteuerliche Tunnelstrecke von der Talstrasse ab und führt in die zollfreie Enklave Samnaun, mittlerweile durch den Verbund mit dem österreichischen Ischgl eines der grössten Skiareale der Alpen. Hier kann man sich verirren, erlebt aber auch in schneearmen Wintern ideale Pisten.

Wer gern Skitouren unternimmt, findet in jedem Dorf einheimische Führer, denen er vertrauen darf. Natürlich bleibt immer noch die bequeme Möglichkeit, mit Hund und Kinderwagen auf den vielen gut gepflegten Winterwander-Höhenwegen zu laufen. Unsere Lieblingshütte ist das Prümaran Prui, ein kleines Bergrestaurant oberhalb von Ftan. Von seiner Terrasse hat man einen weiten Blick auf die Engadiner Dolomiten. Und in dieser Hütte läuft – welch ein Luxus! – keine Musik. Manchmal geht Manfred mit einem Buch hinauf, trinkt einen Espresso und kommt wieder herunter. Prui ist von Ftan aus mit dem Sessellift oder in einer knappen Stundenwanderung zu erreichen. Oder von Scuol aus mit der Gondel bis Motta Naluns und dann auf einem sehr schönen Höhenweg in zwanzig Minuten zu Fuss. Von Prui hinunter gibt es eine Schlittenbahn.

Aber egal, in welchem Dorf man die Ferien verbringt, überall steht eine Lieblingshütte mit dem besten Bergkäse und der köstlichsten Kirschwähe. Und jetzt sei doch noch Vastur erwähnt, eine Hütte mit Schafen, einer kleinen Stube, an deren Wand ein ausgestopfter Auerhahn wacht, mit bunten Tischdecken und einer hölzernen Aussichtsterrasse, zu der man von Sent aus in einer Dreiviertelstunde hinaufspaziert, immer durch die Wiesen einen Sonnenhang entlang. Vastur ist auch im Winter offen. Wer dort einkehrt, bekommt einen Schlitten und kann den Weg in seinen schönen Schleifen zurücksausen. Man lässt den Schlitten unten stehen, wo schon andere Schlitten warten; die Leute von Vastur holen sie wieder ab. Der Schokoladenkuchen von Vastur ist sensationell (und auch diese Szene gehörte vielleicht ins Kapitel → *Premura*).

Eine sportliche Besonderheit des Engadins im Winter ist sicher der Langlauf-Skimarathon. Rund 13 000 Läufer aus allen Ländern kommen dann ins Tal, und es zieht sich ein riesiger, nervöser, bunter Vielfüssler auf weissem Untergrund von Maloja 42 Kilometer über die Seen und Wiesen bis Pontresina und dann weiter nach S-chanf hinunter. Nach dem schwedischen Wasalauf ist er weltweit die zweitgrösste und landschaftlich spektakulärste Veranstaltung dieser Art.

Noblesse oblige

Vor einem Seitenzugang der Anlage des Kulm Hotels St. Moritz grüsst ein Herr in Livree. Franziska lächelt zurück und fährt vorbei in die Tiefgarage; sie parkt ihren mintfarbenen Fiat 500 Cabrio zwischen einem roten Lamborghini aus Graubünden und einem grauen Bentley mit italienischem Nummernschild. Durch Rasenflächen gehen wir zum Dracula Club hinauf. Die Rezeptionistin begrüsst Franziska mit Namen. Gerade finden die Jazz-Tage von St. Moritz statt, die Franziska regelmässig besucht. Eigentlich wollte sie mich in das Eröffnungskonzert zu Lizz Wright mitnehmen. Aber das war schon ausverkauft (obwohl sie es früh versucht hat). Jetzt also Lee Ritenour & Dave Grusin.

Ich höre lieber Bach als kalifornischen »Easy-Living-Feeling-Jazz«, von dem das Programmheft spricht, aber mich interessiert der Dracula Club. In den wilden Siebzigern von Gunter Sachs gegründet (und jetzt von Rolf Sachs, seinem ältesten Sohn aus erster Ehe, weitergeführt), bleibt der Club nur Mitgliedern und deren Freunden vorbehalten. Allein während des jährlich stattfindenden »Festival da Jazz« darf, wer eine Konzertkarte kauft, die Räumlichkeiten betreten. Für Konzertbesucher gibt es 150 Plätze. Als wir eintreten, merken wir, dass wir spät dran sind. Der Flur ist voller Menschen. Wir drücken uns an einem senkrecht gestellten, halb offenen schwarzen Holzsarg vorbei, an Verkaufsvitrinen mit Seidenkrawatten, die ein Dracula-Fledermaus-Design haben, und kommen in den Aufführungsraum. Das Licht ist schummrig rosa. Franziska organisiert zwei Barhocker aus dem Gang vor der Küche, die wir möglichst unauffällig an einen Mauervorsprung schieben. Immerhin können wir uns so anlehnen. Die meisten Besucher sitzen auf rückenlosen Bänken. Im Dämmerlicht erinnert das Interieur an eine alte Skihütte (später bei Licht auch). Eine Treppe führt zu einer Empore hinauf, die der Skihütte in einer zweiten Ebene etwas Saloonartiges gibt. Immer wieder schaut aus einer Ecke das Dracula-Emblem: die schwarze Silhouette einer Fledermaus im Flug vor rotem Grund in weissem Kreis.

Die Musik hat begonnen; abgeklärt wie ein gutes altes Ehepaar improvisieren die beiden Musiker an Gitarre und Piano. Ich kann das schon anhören, sage ich zu Franziska. Sie schaut skeptisch zurück. Und zunehmend gerate ich in den Bann des jungen schwarzen Schlagzeugers, der aus seinen Soli halsbrecherische Trommelkaskaden macht. »Ron Bruner Jr.«, steht im Programm. Bald weiss ich: Das ist der beste Schlagzeuger, den ich je gehört habe. Was vermutlich wenig heisst; bei Bach kommt dieses Instrument eher selten vor.

Hinterher verschwinden die Musiker mit Prominenz im sogenannten Turmzimmer. Durch die Glastür sieht man einen Käfig, der an Ketten von der Decke herunterhängt, so gross, dass sich darin eine menschliche Gestalt bewegen könnte. Wir schlendern durch den Raum, der dem Bobsleigh Club gewidmet ist. 1897 gegründet, ist es der älteste Bobsportverein der Welt (→ *Engländer*). Fotografien, Widmungen, Urkunden an den Wänden erzählen von der Vereinsgeschichte. Gunter Sachs, der seit 1969 Präsident des Clubs war, ist kurz vor seiner Selbsttötung 2011 mit 78 Jahren noch einmal die legendäre Bobbahn von 1722 Metern über vierzehn Kurven hinuntergerast.

Member im Dracula Club könnten nur Männer werden, sagt die Bardame und lässt einen Kaffee aus der Maschine; der Mitgliedsbeitrag koste »eine Summe mit fünf Nullen«. Es gebe aber tolle Partys. Wie?, frage ich, Partys ohne Frauen? Franziska sagt: »Vermutlich schon mit Frauen, aber nicht mit Ehefrauen.« Die Bardame stellt den Kaffee auf den Tresen: »Das haben jetzt Sie gesagt.« Ich denke an den Käfig im Turmzimmer. Manche Tische hier könnten vom Baumarkt sein, andere aus dem Depot einer Jugendherberge. Sie sind geschmückt mit kleinen Vasen, in denen in rot eingefärbtem Wasser eine rote Nelke steckt. Wir bewegen uns dem Ausgang entgegen, vorbei an professionell gekleideten Damen, die an der Seite von Herren stehen, die ein wenig kleiner sind als sie.

Gunter Sachs hat den Ruf des mondänen St. Moritz mitgeprägt (wie er auch aus der kleinen Nordseeinsel Sylt einen Ort des Jetsets gemacht hat). Neben einem Dutzend Residenzen in der ganzen Welt, die, von Personal betreut, jederzeit besuchbar waren, bewohnte er in St. Moritz die von zeitgenössischen Künstlern nach Mass gestaltete Turmsuite im Badrutt's Palace (→ *White Turf*). Nach seinem Tod gab es in St. Moritz eine Abschiedsfeier, an deren Ende auf dem zugefrorenen See 3000 Fackeln brannten. Vom Flugzeug aus konnte man erkennen, dass sie sein Sternbild Skorpion bildeten.

O Dieu!

Wenn ich meine Landsleute beobachte, überkommt mich schneller eine Schamesröte als bei Ungezogenheiten von Touristen aus anderen Ländern. Obwohl ich zugebe, dass ich mich in der Sauna über Italiener (die häufig ihre Badekleidung nur widerstrebend ablegen und vor dem Eintauchen ins Kaltwasserbecken nicht duschen) auch ärgere oder über Russen, die kaum davon zu überzeugen sind, beim Schwitzen ihre Füsse auf ein Handtuch zu stellen. Meine Empfindlichkeit besonders gegenüber deutschen Feriengästen rührt vielleicht daher, dass ich in ihnen doch einige meiner Charaktereigenschaften wiedererkenne: das Lautsein, das Schnellsein, das Bescheidwissen und Rechthaben. Wir Deutsche merken es oft gar nicht, dass wir unfreundlich sind. Wir meinen es nicht so. Wir wissen einfach nur, was wir wollen, und sagen das auch. Diese Direktheit kommt nicht immer gut an.

Da steht ein junges Paar an der Käsetheke (nein, es war nicht in Sent, es war in einem Supermarkt in Zernez) und fragt in einem von seinen Ansprüchen fraglos überzeugten

Ton, warum es denn keinen Gouda gebe. Als die portugiesische Verkäuferin hilflos etwas stammelt, setzen die beiden empört nach: Das sei eine unverständliche Lücke im Sortiment; Gouda müsse in einem Supermarkt zu haben sein! Da befiehlt ein Norddeutscher in der Stüva eines Bauernlokals nahezu schreiend: »Fräulein, ich nehme das Hirschfilet!« In Dortmund würde das nicht auffallen. In Hamburg ist ein knappes »Danke« völlig in Ordnung. Hier im Tal ist unser normales »Danke« eher ein »Danke vielmal!« (lange Betonung auf dem »viel«). Oder immer besser: Grazcha fichun! Auch wenn die Servicekraft aus dem Kosovo kommt.

Bei Feriengästen aller Nationen (Schweizer in diesem Fall ausgenommen) scheint es beliebt zu sein, den Müll nicht in den offiziellen Müllsäcken zu entsorgen, die man im Coop oder Volg kaufen kann, sondern ihn in kostenlosen Abfallsäcken in die Gemeindecontainer zu werfen oder, noch schlauer, portionsweise in die öffentlichen Mülleimer. Da entledigt sich eine Grossfamilie auf dem Dorfplatz (es war in Sent) ihrer aus der Heimat grosszügig mitgebrachten PET-Flaschen. Ultimativer Tipp: mit Mineralwasser aus den Brunnen auffüllen und wieder mitnehmen! Viele Gäste empfinden es nicht als Unfreundlichkeit, wenn sie in randvoll bepackten Autos die Waren einführen, die sie während ihres Urlaubs verzehren. Als Mutter von drei Kindern sehe ich das Problem (→ *Verrechnen*). Aber ich weiss auch, dass man sich im Engadin so ernähren kann, dass es nicht unzumutbar teuer ist.

Es irritiert die Einheimischen, wenn Touristen beim Schlendern durchs Dorf selbstverständlich die ganze Strassenbreite einnehmen und nicht daran denken, dass hier auch Menschen leben, die nicht in den Ferien sind, sondern arbeiten und mit dem Auto fahren müssen. Wenn sie,

stolze Winterritter mit Helmen und Skilanzen, den Orts-
bus stürmen und Mütter, die mit Kinderwagen einsteigen
wollen, alte Leute, die zum Einkaufen fahren, oder Gruppen von Schülern als Aliens betrachten. Ein Postauto ist
keine Startrampe und ein Dorf kein Fitnessstudio.

Um das Engadin zu begreifen, kann es nicht schaden,
diese Talschaft vom Süden her zu denken. Viele Gepflogen-
heiten sind ein wenig italienisch. Und doch wieder anders.

Man diskutiert nicht alles aus. Wir Deutsche haben oft das
Gefühl, einer Sache auf den Grund gehen zu müssen. Wir
argumentieren gern in unserer exakten, hier als hart emp-
fundenen Artikulation. Unser Ziel ist Klärung. Aber im
Dorf geschieht eine Klärung oft in Gesten, Blicken. Die zu
verstehen ist allerdings nicht einfach. Also im Zweifelsfall:
abwarten, beobachten, behutsam sein. Ein wenig Romanisch sprechen (→ *Allegra*). Und lieber vorsichtig fragen, als
selbstsicher behaupten. Man könnte sich ja irren in seiner
schnellen Einschätzung. Und was das Klären angeht: Lange
nicht alles, was innerhalb der Familie besprochen werden
kann, gehört auch auf die Strasse. Auch wenn es dort eh
schon jeder weiss.

Plain in Pigna

Neben ihrem Holzhaus in Ftan weiden schwarz glänzende Büffel. »Nein«, sagt sie, »das sind nicht meine.« Sie sind schön. Sie nickt: »Ja, aber Büffel sind schwer zu melken.« Rut Plouda führt mich in die Küche. Sie kocht heute »Plain in Pigna«, ein Ofengericht mit Kartoffeln, in dessen Namen noch steckt, dass man es – bevor die Kartoffel ins Tal kam – mit Mais machte: Plain ist der Maisknödel. Auf dem Tisch liegen ein blaues Kunststoffbrett und darauf in Längsscheiben geschnittene Engadiner Würste. »Die geräucherten«, sagt Rut. Sie hat sie vom Metzger schon vorschneiden lassen. Jetzt nimmt sie ein Messer und macht kleine Würfelchen daraus. Sie kocht für drei Personen. Ihre Schwester Carolina wird noch kommen, mit dem Salat. Neben den Würsten liegen vier Scheiben Kochspeck. »Der ist ein wenig geräuchert, aber nur ein wenig.« Sie gibt die Wurstwürfel in eine sehr grosse Schüssel. Ihre schmalen Hände schauen aus der schwarzen Bluse mit den weissen Punkten. Draussen quert eine Katze das grau-winterliche Gartengeviert; die lange Aussenwand der Küche ist aus Glas.

Rut Plouda mischt Wurst und klein gewürfelten Speck in der Schüssel. Nun streut sie Kräutersalz, Zwiebelpulver über die weiss-rosa Masse, mahlt schwarzen Pfeffer darauf – sie vermengt alles gut mit den Händen – und gibt einen gehäuften Suppenlöffel Mehl dazu. »Ich fange immer mit dem Fleisch an und würze es. Dann siehst du hinterher, wenn die Kartoffeln drin sind, ob es gut gemischt und gleichmässig gewürzt ist.« Sie greift noch einmal mit den Fingern leicht knetend hinein. »Ich habe das von meiner Mutter gelernt, sie war eine Jaura, eine Jauer sprechende Romanin aus Müstair. Mein Vater kam aus Tarasp.« Und dann hast du nach Ftan geheiratet? »Ja«, sagt sie und geht zur Spüle. »Schau, welch schöne Kartoffeln. Die sind von den Nachbarn, aus ihrem Acker.« Sie beginnt, die Kartoffeln unter fliessendem Wasser zu waschen. Dann schälen wir sie am Tisch. »Wir wollten nicht mit den Schwiegereltern zusammenwohnen, hier drüben, siehst du«, sie zeigt gegen das Glas, wo links, angrenzend an den Garten, ein altes Engadinerhaus gegen den Hang steht, »das ist das Elternhaus meines Mannes, es ist gross, aber für zwei Familien doch zu klein. Und es gab hier diese Garage für landwirtschaftliche Maschinen mit einem Stall für Schafe, Hühner. Mein Mann hatte sie gebaut, und beim Graben fand er eine holländische Münze aus dem 18. Jahrhundert. Von Engadiner Söldnern vermutlich.« Rut und Ottin liessen nun eine Wohnung auf die Garage bauen. Im väterlichen Elternhaus hat später Rut Ploudas ältere Tochter Flurina mit ihrer Familie gewohnt. Ihre Zwillinge sind heute siebzehn Jahre alt, die Familie lebt in Samedan, und das Bauernhaus ist vermietet. Ihre jüngere Tochter Valeria wohnt mit ihrem Mann Michi und den beiden Buben, sieben und neun, im Holzhaus über Rut. Rut ist gern mit den Enkeln zusammen, kocht für sie. »Wenn ich schon koche, ist es

egal, ob ich etwas mehr mache.« Aber manchmal kocht sie
eben nicht. Gerade nimmt sie sich eine Auszeit in Neuchâtel. Nach dem Tod ihres Mannes, sagt sie, habe sie eine
andere Landschaft sehen wollen. Sie hat sich dort für ein
Jahr ein kleines Appartement gemietet. Übersetzt Gedichte
aus dem Französischen, arbeitet an einem Kinderbuch, der
Adaption eines portugiesischen Märchens, zu Bildern eines
befreundeten Malers. Jetzt ist sie für die Weihnachtstage
eine kurze Zeit bei sich zu Besuch.

Sie drückt die geschälten rohen Kartoffeln durch eine
elektrische Reibe zu einem feuchten Gewöll aus Streifen.
»In Sent«, sagt Rut, »machen sie das nicht. Dort schneiden
sie die Kartoffeln in kleine Würfel.« Sie stellt den Backofen
auf 250 Grad, Ober- und Unterhitze. Sie gibt Öl auf ein
Blech und schiebt es in den Backofen. »Das Öl auf dem
Blech muss sehr heiss sein! Sonst klebt es dir an. Die Kartoffeln reibst du im letzten Moment, damit sie nicht braun
werden.« Portionsweise drückt sie die nasse Kartoffelmasse
zunächst in einem Sieb aus und dann noch einmal mit
beiden Händen. Nun erst gibt sie sie in die grosse Schüssel
zu den Wurst- und Speckwürfeln. »Jetzt nicht mehr drücken, sonst hast du wieder Wasser, sondern nur noch ganz
leicht mischen!« Immer wieder lässt sie eine Portion durch
ihre geöffneten Finger laufen, bis die Kartoffelmasse gleichmässig von rosa Würfeln durchmischt ist. Sie nimmt das
Blech aus dem Ofen. Und gibt die Plain-in-Pigna-Masse
darauf. Es zischt. Sie ebnet sie mit einem Löffel. »Es wird
fast ein wenig hoch. Manche machen sie nur zwei Zentimeter hoch. Aber ich finde, es soll ja nicht nur knusprig
sein. Oben soll es knusprig sein und innen noch ein wenig
weich!« Das Blech kommt auf die mittlere Schiene. »Fünf
Minuten ganz heiss backen«, sagt Rut, »und dann weiter
bei 190 Grad. So eine Stunde vielleicht. Früher wurde die

Plain in Pigna auf der Glut in dem Ofen gebacken, der von der Küche aus die Stüva beheizte. Man schob sie hinein, bevor man aufs Feld ging. Wenn man nach Hause kam, war sie fertig.«

Sie setzt sich an den Tisch. Wir trinken Kaffee aus bunten Bechern. »Ich habe gern mit Holz gekocht. Diese Wärme, der Geruch. Das Zischen, das Knistern, das Flackern. Es war wie in der Kirche, wenn alle Sinne angesprochen werden.« In der katholischen Kirche? »Ja, Tarasp, mein Geburtsort, war ein katholisches Dorf im reformierten Engadin, wie Müstair, das Dorf meiner Mutter, ein katholisches Dorf im reformierten Val Müstair war. Meine Mutter ist im Val Müstair bei den Klosterfrauen von St. Johann zur Schule gegangen, wie alle Mädchen. Die Buben gingen ins Schulhaus zum Lehrer. Wir Kinder sind sehr katholisch aufgewachsen. Und ich dachte lange, ich bin keine ganz richtige Engadinerin, weil ich nicht reformiert bin. Die Kirche, das war ein Geschenk für mich, die Lichter, die Blumen, der Weihrauch, die Musik. Wir Kinder haben Messen gehört, Mozart, Bruckner, die Cäcilienmesse! Die Musik war Teil des Gottesdienstes, das waren keine Konzerte! Damals waren die Gottesdienste noch in Lateinisch. Das Romanische und das Lateinische, das war für uns dieselbe Kultur.« Rut steht auf, geht zum Backofen und öffnet die Tür. Es dampft. Was machst du? »Ach, ab und an während des Backens lasse ich die Feuchtigkeit raus.«

»Wir lebten mit dem Kirchenjahr, mit den wechselnden Farben des Priesters. Das Grün, das Violett der Trauerzeit vor Ostern, das Rot an Pfingsten, das Weiss-Gold an den hohen Feiertagen, an Weihnachten. Dann kam das Zweite Konzil, und die Messen wurden nicht mehr auf Lateinisch gelesen. In Müstair gab es einen romanischen Priester, der hat die Messe ins Romanische übersetzt. Aber zu uns

kamen deutsche Priester, die konnten kein Romanisch. Und
das war auch nicht Bedingung. In den reformierten Gemeinden müssen die Pfarrer nach einem Jahr Romanisch
können! Aber unsere katholischen Gottesdienste in Tarasp
waren nun ganz deutsch.«

Ruts Mutter hat ihren Mann, einen Lehrer, in Tarasp
kennengelernt. Rut ist das dritte von vier Mädchen. In
Tarasp gab es viele Kinder und während der Hochsaison
wenige Männer. Denn die Männer arbeiteten dann in
St. Moritz, Davos, Arosa. Die Verkehrsverbindungen waren
schlechter und die Arbeitszeiten länger als heute, so kamen
sie abends nicht nach Hause. Im Sommer wurde keine
Schule gegeben, die Lehrer bekamen keinen Lohn und
mussten sich eine andere Arbeit suchen. Ruts Vater hat
dann im Büro des Kurhauses von Nairs gearbeitet, später in
den Bädern (→ *Mineralquellen*). Die Mutter sah nach den
Kindern und den Tieren. Schafe, Ziegen, Schweine. »Wir
waren nicht ganz Selbstversorger, aber was die Tiere angeht, fast. Ich kannte die Arbeit auf dem Feld, aber schon
mit zehn Jahren bin ich im Sommer fort ins Unterland und
habe Kinder gehütet. Ich tat das gar nicht so gern. Aber
man sagte mir, du kannst das. Und ich habe die Erwartun-
gen erfüllt.« Zusammen mit ihrer älteren Schwester Maria
Luisa machte Rut Plouda die Haushaltungsschule in Sar-
gans. Siebzehnjährig ging sie als Au-pair nach Genf in einen
Studentenhaushalt mit einem Kind. »Ich habe viel Glück
gehabt. Sie nahmen mich dort ernst.« Als sie zurückkam, besuchte sie das Lehrerseminar in Chur. Wurde Lehrerin in Savognin, dann in Ftan. Und hier hast du deinen
Mann kennengelernt? »Ja«, sagt sie und steht auf. Sie zeigt
durchs Fenster auf die Strasse: »Dahinten habe ich ihn
gesehen. Das ist ein schöner Mann, habe ich gedacht, der
gefällt mir. Auf einem Ball im Hotel Bellavista haben wir

miteinander getanzt. Er wusste, das ich die neue Lehrerin war.«

Carolina ist gekommen. Sie hat den Salat mitgebracht, deckt den Tisch. Rut erzählt weiter. »Er war Bauer. Und am Morgen hat er in der Molkerei die Milch von den anderen Bauern entgegengenommen. Und wenn ich zur Schule ging, standen zwei Joghurts für mich am Fenster der Molkerei.« Carolina lacht und verteilt Nüsse und Sonnenblumenkerne in Schälchen. Rut sieht in den Ofen, »ein wenig noch«, sagt sie. »Und einmal haben wir uns heimlich verabredet auf seiner Hütte im Val Tasna. Wir sind eigens nicht zusammen hingegangen. Er ist ein wenig früher losgefahren, so als ob er Mist verzetteln müsste. Es lag noch Schnee.« Jetzt holt sie das Blech doch heraus. Die Plain in Pigna sieht aus wie eine filigrane Stickerei, Kartoffelstreifen wie Goldfäden, an den Spitzen knusprig braun mit den roten Würfeln von Wurst und Speck. Rut schneidet sie an. »Siehst du, sie klebt nicht an! Jedenfalls, abends in der Molkerei fragten sie ihn gleich: ›So, war es schön mit der Lehrerin im Val Tasna?‹ Die wussten schon wieder alles!«

Wir essen die noch heisse Plain in Pigna mit grünem Salat. Die Decke scheint beim Hineinbeissen zu splittern, die feinen, gebackenen Kartoffelspäne knacken; die Mitte ist fast cremig. »Eigentlich wollten wir im Herbst heiraten. Aber dann haben wir doch schon im August geheiratet.« – »Na ja, in mein Brautkleid hast du noch gepasst«, kaut Carolina. »Zwei Schwestern haben mein Hochzeitskleid getragen! Valeria noch vor dir, sie war die Jüngste beim Heiraten, knapp zwanzig war sie. Du warst 26«, sagt Carolina. »Und Ottin war 35«, sagt Rut. »Das Kleid war ein Secondhand-Kleid«, sagt Carolina, »ein schönes, einfaches Kleid. Ich musste mir nur noch einen neuen Schleier kaufen.

Und eine Marabu-Stola, die Federn sind geflogen, als ich im Schnee getanzt habe. Valeria hatte eine Krone. Hattest du einen Schleier?« – »Nein«, sagt Rut, »ich hatte keinen Schleier. Ich weiss nicht, was ich gehabt habe. Nimmst du noch ein Stück? Er war ein sehr sensibler Mann und auf seine Art auch stolz«, sagt sie.

Die junge Lehrerin Rut Plouda ist Mutter geworden, sie hat das Schuljahr noch zu Ende gemacht, dann aufgehört. Sie wurde wieder schwanger mit einem zweiten Mädchen. Dann kam ihr Junge Andris, ein Down-Syndrom-Kind. Rut Plouda hat immer wieder geschrieben: Gedichte, schon als Sekundarschülerin, später als Seminaristin für die satirische Zeitung »Chardun«, die »Distel« (unter Pseudonym), auch fürs Romanische Radio. Sie hat Lyrik veröffentlicht und ein Buch zusammen mit Fotografien von Carolina. Bekannt wurde Rut Plouda mit dem romanisch-deutschen Buch »Wie wenn nichts wäre – Sco scha nüglia nu füss«, ein Erinnerungstext an ihren mit neunzehn Jahren gestorbenen Sohn. In Kurzkapiteln, hingetupften erinnerten Impressionen, holt sie etwas vom Leben ihres Kindes zurück.

Ich denke »Meeresspiegel« und wir sind auf dem Balkon, schauen hinaus auf das Wasser und wissen für einen Augenblick, dass der Schrei der Möwe das Meer verändert.

Ich denke »Spiegel« und du schaust dir ins Gesicht und sagst verdammter Mongoloide.

»Mir war lange die Form nicht klar. Ein Ich spricht zu einem Du, so wie es das Ich sich vorstellt. Um das Du zu stärken, habe ich es manchmal als Figur hineingesetzt, in einen Zyklus von Erinnerungsbildern, als Musikant, als Jäger, als Robinson oder als Matrose.«

Der Matrose steht mit gespreizten Beinen auf der Schiffs-
brücke. Er lacht und flucht mit seinem Kumpanen und spuckt
auf den Boden. Manchmal, wenn das Meer wirklich ruhig ist,
tastet sich einer seiner Träume durch die Tiefen des Wassers
und kehrt mit einer Meeresschnecke zurück. Sie glänzt in der
Sonne. Hörst du, wie sie singen, die Matrosen. Sie riechen
nach Teer, nach Fisch und Salz. Das Schiff fährt immer weiter
weg, bis nur das Meer bleibt.

»Weisst du, ich bin nie richtig drangeblieben, am Schreiben.« Vielleicht jetzt in Neuchâtel, sage ich.

Ich erzähle, dass ich mit Helen Capuns gekocht habe.
Carolina sagt: »Capuns gibt es im Engadin erst seit viel-
leicht zwanzig, dreissig Jahren.« Carolina macht sie wie ihre
Schwiegermutter aus der Surselva, sie gibt in den Teig
Peterli, Krauseminze, Salsiz und Rohschinken. Sie macht
keine Päckchen, sondern schichtet alles in eine Eisenpfanne:
Teighäufchen, Blätter drüber, Teighäufchen, Blätter und
kocht sie in einer Mischung aus Milch und Wasser auf dem
Herd. Bevor die Pfanne dann für zehn Minuten in den
Ofen kommt, gibt sie auf die letzte Blätterschicht gerie-
benen Käse und etwas heisse Butter mit Knoblauch, damit
der Käse eine Kruste bildet (»cundir cun painch«, etwas mit
Butter überbrennen). Es gibt endlose Variationen, sagt sie.
Wie zu Plain in Pigna auch.

Auf einmal riecht es weihnachtlich süss. Rut wollte
ausnutzen, dass der Ofen heiss war. Sie hat »Mails implits«,
gefüllte Äpfel, vorbereitet und, während wir assen, gebacken.
Es sei ein ganz altes, ganz einfaches Rezept, sagt sie. Äpfel
aushöhlen, mit einer Mischung aus Mandeln oder Hasel-
nüssen, Rahm und Rohzucker oder Honig füllen. Dann
die gefüllten Äpfel in eine Glasform nebeneinandersetzen
und zwanzig Minuten bei 250 Grad in ein wenig Wasser mit

etwas Holundersirup backen. »Weisst du, in der Landwirtschaft ist das anders.« Was? »Ja, anders als beim Schreiben.« Sie teilt ein Apfelstück mit dem Löffel. »Wenn ein Gewitter aufzieht, und du beeilst dich mit dem Heuen, dann arbeitest du sehr hart. Aber am Abend, wenn man dann hinausschaute und es regnete, da wusste man, was man getan hatte. Es war ein tiefes Gefühl der Zufriedenheit. Die Arbeit hatte einen Sinn.« Das Schreiben hat auch einen Sinn, versuche ich es leise. Sie schaut mich an, und ich verstehe zu gut, was sie meint.

Premura

Premura, sagen die Wörterbücher, heisst Sorgfalt, Hingabe, Eifer. Aber ich bin nicht sicher, ob es sich wirklich so übersetzen lässt. Vielleicht können kleine Beobachtungen einkreisen, was ich als Premura im Engadin erfahren habe.

In der Villa Garbald in Castasegna (→ *Bergell*) hatte ich einen Tisch gesehen und gedacht: So einen Schreibtisch möchte ich haben. Es war kein Schreibtisch, sondern ein langer, schmaler Beistelltisch an einer Wand. Ich bat um einen Meterstab. Beim Umbau unseres Bauernhauses in Sent hatte Daniel, ein Scuoler Schreiner, eine sehr schöne Treppe eingebaut. Mittlerweile betrieb er neben seiner Schreinerei ein kleines Antiquitätengeschäft, und er restaurierte Möbel für ein Museum in Zürich. Ich gab ihm die Masse. Zeigte ihm zwei Fotos. Nein, sagte ich, keine Schnitzereien. Ich wolle den Tisch pur. Nur die Form. Und aus Arvenholz. Ich fragte, was er kosten würde. Er sagte, zwölf Stunden Arbeit und das Holz. Ich nickte. Nach wenigen Tagen konnte ich den Tisch abholen. Er war perfekt. Eine saubere, sorgfältig durchgeführte Arbeit. Und er roch wunderbar. Daniel lachte. Er war sich sicher gewesen, dass ich zufrieden sein würde. Er sagte, er habe nicht zwölf Stunden gebraucht, sondern nur neun. Und dann drückte er mir ein Stück Hirschschnitzel und vier Würste in die Hand. Von der letzten Jagd.

Die Peitschen (»giaischlas«) der Oberengadiner Jungen kommen von Ludwig aus Zuoz. In seiner kleinen Werkstatt riecht es nach Leder und Öl. Die Rohlinge für die Peitschenstiele (sehr entfernt ähneln sie den Stielen von Teppichklopfern) sind gedrehte Holzstäbe aus Zürgelbaum, einem harten, doch biegsamen Holz. Genau genommen wird ein runder Holzstab der Länge nach in vier dünne Stäbe so aufgeschnitten, dass man sie um ein verbliebenes Mittelstück, die Seele (»l'orma«), winden kann. Ludwig überzieht die Rohlinge mit Chromleder von Ziegen oder Kühen. Am oberen Griffende gibt er dem Peitschenstiel eine Verzierung aus weiss-schwarz meliertem Dachsfell, das er mit einer roten Manschette und goldenen Knöpfen fixiert. Über das Ende des Griffs legt er eine breite Lederschlaufe und wickelt sie mit einer dünnen, geflochtenen Nylonschnur fest. An diesen Abschluss kann er über eine weitere Lederschlaufe die Peitschenschnüre so anbinden, dass sie schwingen.

Peitschenschnüre sind aus sechs oder acht Lederstreifen geflochtene und geölte Stricke, die sich nach unten verjüngen. Den Abschluss einer Peitsche bildet eine dünne Schnur, das kann ein Stück Plastik sein, von der Art, mit der Heuballen zusammengebunden werden, oder auch ein schmaler Streifen Seide. Immer sind Knoten hineingeknüpft. Wenn das Ende vom Schlagen ausfranst, schneidet man es bis zum nächsten Knoten ab. Mit diesem letzten Stück knallt die Peitsche. »Eine Peitsche«, sagt Ludwig, »ist nie fertig. Man kann immer noch dran basteln, sie muss für den Besitzer passen.« Die Länge der Peitschenschnur variiert von 115 bis 210 Zentimetern. Eine handgemachte Peitsche kostet zwischen 260 und 450 Franken. Und nun zeigt Ludwig die Bewegung: Man dreht den Arm über den Kopf nach links, und wenn die Schnur ganz über dem Kopf ist, macht man eine kleine Gegenbewegung nach rechts. Eine U-Schwingung läuft durch die Peitschenschnur, die sich, da sie sich verjüngt, beschleunigt. Am Ende hat sie die zweifache Schallgeschwindigkeit. Früher haben die Jungen mit sechzehn Jahren eine Peitsche bekommen und die Mädchen eine Tracht. Das ist heute nicht mehr so. Seinem Sohn hat Ludwig zum vierten Geburtstag eine Peitsche geschenkt, Ohrenschutz in die Ohren gesteckt und einen Hockeyhelm aufgesetzt. Üben dürfen die Zuozer Buben vom 1. Februar bis zum 1. März.

In Zuoz beginnt Chalandamarz zwei Tage vor dem 1. März mit der »not libra«, der Freinacht. Die Patruns und die Patrunas (die Schüler und Schülerinnen der letzten Klasse) treffen sich um Mitternacht vor der Chesa Planta am Gewölbebogen (dem »vout«). Nun zeigen die Jungen mindestens eine halbe Stunde lang ihre Peitschenkunst. Nach ihnen kommen die Männer dran und sind peitschenknallend noch einmal jung wie zu Schulzeiten. Hinterher sitzen die Erwachsenen in der Crusch Alva beisammen und singen (natürlich auswendig) die alten Sehnsuchtslieder aus dem Engadin und Italien. Derweil ist es spät geworden, und die Patruns ziehen schon (zwischen drei und fünf Uhr nachts) unter die Fenster der jüngeren Buben und erinnern sie mit der viereckigen Glocke (»talac«) daran, dass sie um sieben Uhr morgens am Gewölbe sein sollen. Früher liessen die Patrunas in der Freinacht von ihren Schlafzimmerfenstern selbst gemachte Sahnekaramellbonbons an Schnüren

hinunter. Nun folgen zwei Tage der Umzüge (am 28. nachmittags mit Kutschen ins Nachbardorf Madulain) und Singen (auch im Suler mancher Häuser), Schellengeläut und
Peitschenknallen. »Jedes Dorf macht das anders«, sagt Ludwig, nimmt sein Handy und zeigt einen Film. »Das ist mein
Sohn«, sagt er. In blauer Bauernbluse und roter Zipfelmütze
steht er neben drei weiteren Buben. Und dann geht es los,
synchron, kräftig und elegant: peng, peng, peng, Überschallknall auf Überschallknall im geschätzten Halb-Sekunden-
Takt. Ludwig räumt die hölzernen Rohlinge zur Seite:
»Unsere Traditionen sind uns wichtig.« Dabei denkt er
nicht an die Touristen, die, wenn sie nicht eingeweiht sind,
vieles kaum mitbekommen. Er meint die frohe, gemein-
schaftlich gefeierte Zeit, in der der lange Winter ausgetrie-
ben wird; er meint die Jungen, die mit den Bräuchen ein
Zusammengehörigkeitsgefühl weitertragen, das es in einem
Dorf braucht (→ *Cumün*). Und dafür sind ihm die passende
Peitsche und ihre Beherrschung ein Symbol.

Premura hängt mit Stolz zusammen. Es ist der Stolz, mit
dem die Frauen den in der Berghöhe selbst gezogenen Salat,
die kleinen, sehr süssen Erdbeeren, die winzigen Tomaten,
die Petersilie und Minze aus den Gärten bringen. Der Stolz,
mit dem schon die Kinder nach einer Wanderung oben auf
dem Gipfel stehen und über ihr Land schauen. Oder die
selbstsichere Freude über ein Stück Käse, bei dem sie den
Namen der Kuh kennen, die ihre Milch dafür gegeben hat.
Premura hat auch etwas mit Würde zu tun. Ich habe oft den
Eindruck, es passt nicht zur Haltung der Engadiner, schlam-
pig zu sein. Wenn sie etwas machen, dann machen sie es
richtig. Sie achten die Wiesen, das Vieh. Gerade wenn es
weniger gibt, ist das Wenige kostbarer und mit Wertschätzung verbunden. Es gibt hier eine Liebe zu den Dingen, zur

Tätigkeit. »Lavur chi plascha es mez fatta«, sagt ein Engadiner Sprichwort: Eine Arbeit, die man gern hat, ist schon halb getan.

Vielleicht gehört zu Premura auch dieser Gedanke: Wann fühle ich mich in einem Hotel wohl? Entscheidend sind nicht nur die Leistungen oder Einrichtungen. Ich glaube, wenn es den Menschen, die dort arbeiten, gut geht, geht es mir auch gut. Wer unter ständigem Zeitdruck, gar gedemütigt, wer – um ein altes Wort meiner Jugend zu benutzen – »entfremdet« arbeiten muss, kann kaum zu einer Atmosphäre des Wohlbefindens beitragen. Ich durchschaue die freundliche Maske, spüre Unzufriedenheit und bekomme eine Gänsehaut. Im Engadin, das eine lange Tradition des Tourismus hat, wo die dörfliche Sorgfalt im Alltag und im Umgang miteinander noch eine Rolle spielt, ist die Chance, ein liebevoll geführtes Hotel oder eine freundliche Pension zu finden, hoch.

Premura ist auch Nacheinander-Schauen; die gegenseitige Aufmerksamkeit ist in dörflichen Regionen naturgemäss höher als in Metropolen (→ *Cumün*). Es gibt einen Raum in Scuol, der mich immer froh stimmt: das Eingangsareal im Bogn Engiadina. Die Passage schmiegt sich um ein gläsernes Rund, durch das man in die Schwimmbecken hinuntersehen kann. Andere Fensterfronten zeigen auf einen Spielplatz oder in ein kleines Gartengeviert. Diese Anlage ist der Zugang zu den Bädern, den medizinischen und kosmetischen Behandlungsräumen, einem Veranstaltungsraum, einem Restaurant und verschiedenen Arztpraxen. Zugleich aber ist sie ein freundlicher Bereich des Verweilens, mit hellen Holztischen und weissen Stühlen, Bänken an den Fenstern, einer Wechselausstellung zu Themen der Region. Schulkinder, die auf den Bus warten müssen, treffen sich hier, manche machen schon Hausaufgaben; Handwerker sitzen beisammen und diskutieren, Mütter kommen mit ihren Kleinkindern, die den Badenden zusehen. Der Raum ist immer geheizt, und man kann kostenlos aus drei Brunnen trinken: aus der Vi-Quelle, der Sotsass-Quelle und auch das gute Leitungswasser von Scuol. Kleine Trinktüten aus weissem Papier stehen bereit.

Eine Haltung der Premura mag auch sein, wenn der Randulins-Dichter Chasper Po (→ *Ziegen*) in seiner Adaption von »Max und Moritz« die Handlung ändert. Vor dem schlimmen Ende tritt ein Patenonkel auf und verhindert, dass die beiden in die Mühle gesteckt werden, mit der wunderbaren Zeile: »– ma figliols non lasch eu moler!« Die beiden mögen Unsinn gemacht haben, der nicht recht war, »– aber Buben lasse ich nicht mahlen!«.

Es sind nicht nur die einheimischen Engadiner, die Premura zeigen. Auch Zugezogene spüren wohl die Stimmung der Sorgfalt, der Konzentration in diesem Tal, ja vielleicht sind sie ihretwegen hergekommen und geblieben.

In Orden bei Maloja am Fuss des Salecino haben Theo und Amalie Pinkus in einem alten Bauerngehöft 1971 eine Stiftung gegründet. Sie wollten Ferien mit Bildung verbinden und ein »Erholungsheim für Wenigerbemittelte und Unterstützungsbedürftige« schaffen. Wer weniger Geld hatte, bezahlte weniger und half dafür mehr beim Kochen oder Putzen mit. Das ist auch heute noch so. Damit setzten sie bewusst einen Gegenakzent zum Luxus von St. Moritz. Salecina, wo deutsche, rätoromanische und italienische Kultur sich verbinden, war jahrelang der Treffpunkt der europäischen Linken. (Und wurde von der Schweizer Bundespolizei heimlich überwacht.) Es versteht sich weiterhin als ein »Haus für alle jene Menschen, die die Ziele einer sozialeren, gerechteren und ökologischeren Welt weiterverfolgen« (www. salecina.ch).

In den Engadiner Dörfern sieht man noch Hängenelken. Leider immer weniger. Die Hängenelke erscheint auch als rote Blüte auf der Engadiner Tracht, als Häkelarbeit in den Vorhängen, mit Kreuzstichen gestickt als Wandschmuck. Im Unterschied zur Geranie, die man im Winter im Keller vergessen kann, braucht die Hängenelke zum Überwintern einen kühlen Ort, der nicht ganz dunkel ist. Und sie möchte ab und an ein wenig gegossen werden. Sie besteht auf etwas Sorgfalt. Auch deshalb sehe ich diese duftende Bauernblume, die mit ihren dunklen oder altrosa Blütenköpfen in schönen Bögen vor den dicken Mauern hängt, als ein Bild für das Engadin.

Quatter jà quatter

Der Quatter jà quatter ist nicht nur ein Auto mit Vierrad-antrieb, er ist der Mustang des Engadiners. Und gehört zu seinem Selbstverständnis.

Offiziell hiesse er – dem Deutschen entsprechend – »trac-ziun a quatter roudas«. Aber alle sagen »Quatter jà quatter«, vier mal vier. Und fahren ihn als bulligen Geländewagen oder auch als schlichten Pkw, hauptsächlich von jener ein-schlägigen japanischen Firma, die vor dreissig Jahren Autos mit permanentem Vierradantrieb serienmässig auf den Markt brachte.

Als wir ins Engadin zogen, war Manfred zunächst über-zeugt, er müsse auch ein Quatter-jà-quatter-Fahrer werden. Hingebungsvoll studierte er Angebote, wobei er sich aber bald mehr über die schönen Wörter als an den Maschinen freute. Die »per Klauenkupplung zuschaltbare zweite An-triebsachse«, rezitierte er, werde bei der neuen Generation von Autos abgelöst von »Radsensoren«, die selbsttätig und variabel auf Vierradantrieb umschalteten, wenn »erhöhter Schlupf« zu registrieren sei. Brauchten wir das wirklich?

War unser Schlupf so problematisch, dass wir in ein neues Auto investieren mussten? Dabei liebte Manfred ja unseren alten Passat (Baujahr 2001). Und er hängt immer noch an ihm. Er erweist sich – da wir seit unserer ersten Engadinreise (→ *Alpenpässe*) nun auch Winterreifen haben – mit seinem schweren Dieselmotor über der Vorderachse als brauchbares Schneefahrzeug. Wir wohnen nur fünfzig Meter oberhalb des Dorfplatzes, bis dahin schaffen wir es im Winter immer, und dann sind wir schon auf der zentralen Dorfstrasse, die hinunter nach Scuol führt. Sie wird, wie auch die grosse Talstrasse, nach einem Schneefall innerhalb vorbildlich kurzer Zeit geräumt. Und auch unser kleines Strässchen vor dem Haus legen die kunstreichen Schneepflug- und Traktorfahrer meist in den frühen Morgenstunden frei. Manche Senter Seitenstrassen sind allerdings so steil, dass Manfred sie bei Schnee meidet.

Gäste, die ohne Quatter jà quatter ins winterliche Engadin reisen, müssen sich keine Sorgen machen. Schneeketten mitzunehmen kann aber nicht schaden, vor allem wenn die Ferienwohnung am Berg liegt. Unbedingt sollte man als Grossstadtbewohner darauf achten, langsamer als die Einheimischen zu fahren. Denn die verfügen eben nicht nur alle über ihren Quatter jà quatter und ein Selbstbewusstsein als souveräne Autofahrerinnen (hier sei einmal, als nicht zufälliger Akzent, die weibliche Form für alle genommen), sondern haben auch Fahrpraxis auf rutschigem Untergrund. Mit Faszination und Schrecken liest man im Schweizer Unterland das Autokennzeichen GR (Graubünden) als Abkürzung für »Gebirgsraser«.

Rätoromanisch

In Graubünden werden fünf romanische Idiome gesprochen und geschrieben. Zwei davon im Engadin: im Oberengadin Puter, im Unterengadin Vallader. Im Val Müstair wird Jauer gesprochen. Da Jauer keine Schriftsprache ist, wird dort Vallader geschrieben. 1982 hat der Zürcher Sprachwissenschaftler Heinrich Schmid im Auftrag des romanischen Dachverbands »Lia Rumantscha« eine Kunstsprache, das Rumantsch Grischun, entwickelt. Sie sollte als einheitliche Schriftsprache der Romanen dienen und schnellstmöglich in den Schulen eingeführt werden. Man wollte die Bündner Schulbücher nicht mehr in fünf Sprachen mit Kleinstauflagen drucken müssen. Die Akzeptanz des Rumantsch Grischun ist allerdings zunehmend umstritten. Im Val Müstair etwa, wo Rumantsch Grischun statt Vallader als Schriftsprache eingeführt wurde, ist man mittlerweile zum Vallader zurückgekehrt.

Ich erinnere mich noch an unseren ersten Elternabend in Sent, an dem die Lehrerin davon sprach, dass es bald neue Schulbücher geben werde. Sie traf auf völliges Unverständnis. »Warum«, sagte spontan eine Bäuerin, »sollen wir auf einmal ein neues Romanisch lernen, wo wir doch unser Romanisch haben!« In Sent gab es nie Schulbücher in Rumantsch Grischun.

Ich sitze bei Clà Riatsch, Jahrgang 1956, in Ramosch in der Küche eines Engadinerhauses. Es ist sein Elternhaus. Sein Vater ist vor einigen Jahren gestorben, und seit ein paar Monaten lebt seine Mutter im Altersheim in Scuol. Clà Riatsch ist Romanischprofessor in Zürich; er wohnt mit seiner Frau, der Malerin Irma Haussener, in Bern. Er giesst Kaffee ein und stellt eine Schale mit Gebäck auf die Wachstuchtischdecke mit dem rot-gelb-orangefarbenen Muster. Seufzend fährt er sich durch die grauen Locken: »Hier wurde seit drei Generationen alles aufbewahrt! All die Sachen sind noch da. Was soll ich jetzt nur mit diesem Haus tun!« Seine Frau und er seien gern im Engadin. Aber bräuchten sie hier ein Haus? Und doch sind es seine Wurzeln. Seine Erinnerungen. Die Truhen, die Schränke, die kleinen Schreibtische von Mutter und Vater sagen ihm etwas. Sein Kinderzimmer gibt es noch fast so, wie er es verlassen hat.

Er hatte eine romanische Kindheit, ohne Fernsehen. »Das Fernsehen kam 1968 nach Ramosch«, sagt er. »Als Kinder haben wir sehr wenig Deutsch verstanden, also fast nichts.« Weit stärker noch als die Südbündner, die ein italienischsprachiges Hinterland im Rücken haben, hätten sie gewusst, dass sie Deutsch lernen mussten. Schlecht Deutsch zu können galt als Stigma. »Auch später in Chur, aber da musste man auch noch Schweizerdeutsch können.« Seine ersten Lektüren waren die romanischen Bücher, die es im Haus gab. Erzählungen von Jon Semadeni, von Cla Biert. Er las gern, mochte auch die Geschichten im »Chalender Ladin«, dem seit 1911 in Vallader und Puter erscheinenden

Almanach des Kantons Graubünden, gegründet vom Dichter Peider Lansel (→ *Cumün*) und dem Pfarrer Otto Gaudenz, dem Grossvater von Leta Mosca (→ *Engadiner Nusstorte*). Und dann stand da auch Karl May. Er habe das Buch haben wollen, weil ein Indianer auf dem Cover war. Du kannst das schon lesen, habe die Mutter gesagt, aber es ist auf Deutsch. Karl May gab es nicht auf Romanisch. Auf einmal sei ein Druck dagewesen, eine Antriebsfeder. So habe er Deutsch gelernt. Es sei noch in einer alten Schrift geschrieben gewesen. »Das war schwierig, weil das ›f‹ und das ›s‹ sich auf den ersten Blick so ähnlich sahen.« Ganze 37 Bände Karl May habe er gelesen. »Sie sind noch da, hier irgendwo im Haus!« Und dann war er so begeistert von den Geschichten, dass er sie auf Romanisch seinen Schulfreunden nacherzählt habe. »Ich musste schnell sein, die wollten wissen, wie es weiterging! Vermutlich«, er lacht, »war das die einzige Literaturvermittlung, die mir je gelungen ist.«

Als Kind sei ihm klar geworden, dass mit dem Deutschen eine schwindelerregend grosse Welt an Texten aufging. »Und das war eine wahnsinnige Freude. Aber genau dies fehlt dem Rumantsch Grischun: die Fülle an grosser Literatur. Es gibt keine Dringlichkeit, diese Sprache zu lernen. Englisch mussten wir lernen, um die Beatles-Texte zu verstehen oder zu wissen, was Mick Jagger da schreit. In den Siebzigern, in der Sekundarschule, war das überhaupt keine Frage! Warum aber soll ein Kind heute Rumantsch Grischun lernen wollen? Dass es eine streng normierte Standardsprache braucht, leuchtet eher uns Lehrern als den Kindern ein. Zudem ist die wirklich gesprochene Standardsprache der Rätoromanen seit Langem das Schriftdeutsch.«

Ein weiteres Moment war vielleicht entscheidend. In Zürich als Möglichkeit entwickelt, wurde Rumantsch Grischun von der Sprachbürokratie in Chur auf die absurde Verordnung »einzige Alphabetisierungssprache« reduziert. Das war in den Tälern nicht einleuchtend. Nun wehren sie sich im Engadin und in der Surselva mit der Initiative »Pro Idioms«. Es ist eine Organisation, die sich für die Beibehaltung der lokalen Idiome in der Schule einsetzt und gegen die Einführung von Rumantsch Grischun als Schriftsprache kämpft.

»Es wird so viel über das Romanische gesprochen«, sagt Clà Riatsch, »über seine Gefährdung, über sein Verschwinden, über die Gefahren durch den Tourismus!« Diese Sprache verliere zunehmend ihre Selbstverständlichkeit. Da sass er also mit Jon Mathieu (→ *Jenatsch und die Bündner Wirren*) in der Rhätischen Bahn, und sie sprachen über Mathieus gerade erschienenes Alpenbuch. Ein grossartiges Buch! Nach einer Weile mischte sich ein Mitreisender ein. »Oh«, sagte der, »Sie sprechen wohl Romanisch.« – »Ja«, sagte Mathieu. Da sagte der Mitreisende, das finde er doch wunderbar, dass sie diese Sprache pflegten! »Wir pflegen keine Sprache«, habe Mathieu da geantwortet. »Wir sprechen über die Alpen!«

Clà Riatsch lacht. Eine andere Geschichte wäre die mit den Portugiesen im Oberengadin! Bei der Einbürgerung würde die Obrigkeit meist davon ausgehen, dass die Portugiesen keine Landessprache sprechen. Aber die sagten dann selbstbewusst: Doch, wir sprechen Puter! Hier bekommt die vierte Landessprache der Schweiz dann etwas Anarchisches. Etwas Widerständiges. Im Augenblick bestehe eine lebhafte Präsenz des Puter bei den portugiesischen Jugendlichen. Für sie ist das Romanische eine unerwartete Brücke in die Schweiz.

Da erzähle ich von Matthias, der heute auf der Fachmittelschule in Chur bessere Noten in Romanisch schreibt als in Deutsch. Er hat in Sent nicht nur schnell Romanisch gelernt, das Romanische war die Sprache, um im Dorf bei seinen Schulkollegen dazuzugehören, mit ihnen zu leben. Auch Kinder von anderen deutschsprachigen Eltern sprechen untereinander nicht Deutsch, sondern Romanisch. Es ist ihre Sprache. Auch ein wenig eine Geheimsprache. Mit der Pubertät kamen noch englische Ausdrücke dazu. Sie mischen und entwickeln eine romanische Jugendsprache. Matthias hat es abgelehnt, mit mir Romanisch zu sprechen. Ich war und blieb die deutsche Mutter. Seine neue Heimat hatte aber ganz klar einen romanischen Klang.

Solche Geschichten, sagt der Romanischprofessor Clà Riatsch, höre er gern. Und ein wenig sagt er das doch melancholisch.

Randulinas und Randulins

»Randulinas« ist das rätoromanische Wort für Schwalben. Und wer die kostbaren, kurzen Sommer des Engadins kennt, der weiss um die irren Flugbewegungen dieser zierlichen Vögel. Ihr Kreisen, ihr Stürzen. Sie sind die schwarzen Signaturen der gezählten warmen Abendstunden auf dem sich neigenden, tiefen Blau. Sie sollen Glück bringen; doch ihr Schatten fliegt auch über die weisse Häuserwand, flüchtige Flügel der Trauer.

Die Schwalbe ist im romanischen Volkslied ein Seelentier der Sehnsucht. Romanisch »increschantüm« wird mit »Heimweh« übersetzt; es hat aber einen schillernden Hof von Bedeutungen, in die sich Sehnsucht, Melancholie und Vollendung im Unerfüllten mischen. Rilke nannte diese psychische Sensibilität »nicht Werbung um ein endlich noch Erreichtes«. In »increschantüm« steckt das Verb »as laschar increscher«, also »sich hineinwachsen lassen«. Man sagt auch, ein Engadiner habe immer Sehnsucht. Selbst wenn er zu Hause ist.

Die vermutlich populärste Engadiner Lyrikerin ist die 1930 in Ramosch geborene und dort 1974 gestorbene Luisa Famos. Sie war Primarlehrerin in Chur und an verschiedenen Orten der Schweiz, so auch in Guarda. Sie arbeitete für das Romanische Radio und moderierte die erste romanische Fernsehsendung »Il balcun tort« (»Der Erker«). Einige Jahre lebte sie in Honduras und Venezuela. Ihre Verse (»Poesias – Gedichte«) stehen unter dem Zeichen der Schwalbe:

Lügl a Ramosch	*Juli in Ramosch*
Trais randulinas	*Drei Schwalben*
Battan lur alas	*schlagen ihre Flügel*
Vi dal tschêl d'instà	*gegen den Sommerhimmel*
Minchatant tremblan	*Drei Schatten*
Trais sumbrivas	*zittern manchmal*
Sülla fatschad'alba	*über die weisse Wand*
Da ma chà.	*meines Hauses.*

Sie starb in einem Juli. Vielleicht erahnte sie, als sie dies schrieb, ihren kommenden Sommertod, eine schwarzhaarige, schöne Frau, eine Schwalbe, zurückgekehrt aus Südamerika.

Randulins heissen im Unterengadin die Auswanderer, die seit dem 16. Jahrhundert ihre Bündner Heimat verliessen, zunächst nach Venedig, später ins weitere Italien gingen und sich bald überall in Europa niederliessen. Sie sind heute als »Zuckerbäcker« bekannt, die vor allem Cafés und Konditoreien eröffneten. Aber auch Kaufhäuser, Gemischtwarenläden, Kleidergeschäfte. Wenn sie in der Fremde ihr Glück machten, kamen sie oder ihre Nachkommen im

Sommer wie Schwalben in ihre Bergheimat zurück. Sie bauten Paläste für ihre Sommeraufenthalte, die auch in Verona, Mailand, Florenz hätten stehen können, und investierten in das verlorene Zuhause, um das sie nun wieder wie treulose Liebhaber übereifrig warben (→ *Zuckerbäcker oder Zurückkommen*).

Sils

Es gibt ganze Bibliotheken über Sils. Das hat mindestens zwei Gründe. Seit dem ausgehenden 19. und beginnenden 20. Jahrhundert kamen immer wieder Künstler ins Oberengadin, denen St. Moritz zu laut und zu nervös war. Sie logierten in Sils, jenem kleinen Ort zwischen Silvaplanersee und Silsersee, am Beginn des Fextals, wo Pferdekutschen die Gäste bis an den Fuss des Gletschers brachten. Keine Biografie über Nietzsche, Hermann Hesse, Adorno, Thomas Mann, Annemarie Schwarzenbach (→ *Hotel Waldhaus in Sils-Maria*) ohne die Erwähnung dieses Dörfchens am See. Die Schriftstellerin und Journalistin Annemarie Schwarzenbach (1908–1942), die in Sils an den Folgen eines falsch behandelten Fahrradunfalls starb, hatte hier Freundinnen um sich versammelt, die wie sie den weiblichen Garçonne-Stil pflegten und mit denen sie athletisch und selbstbewusst Ski fuhr. Anne Frank verbrachte in Sils ihre Sommermonate 1935 und 1936 (im schönen Nietzsche-Haus sind ihrem Andenken Vitrinen gewidmet). Der andere Grund, warum so viel über Sils zu lesen ist, liegt darin, dass die Künstler nicht nur in Sils waren, sondern auch über ihren Aufenthalt schrieben, in Briefen, Tagebüchern, Erzählungen, Romanen. Nietzsche, der hier insgesamt rund 600 Tage verbrachte, verfasste neben vielen Sils-Momenten ein Sils-Maria-Erweckungsgedicht.

Sils-Maria

Hier sass ich, wartend, wartend, – doch auf Nichts,
Jenseits von Gut und Böse, bald des Lichts
Geniessend, bald des Schattens, ganz nur Spiel,
Ganz See, ganz Mittag, ganz Zeit ohne Ziel.

Da, plötzlich, Freundin! wurde Eins zu Zwei –
– Und Zarathustra ging an mir vorbei …

Zwischen Gletschern und Seen, »dem Süden verschwistert« (Annemarie Schwarzenbach), ist dies eine Gegend von schon provozierender Schönheit. Marcel Proust hat geweint, als er die Schmetterlinge über dem Silsersee tanzen sah. Noch die Natur macht Kunst: Im Herbst kann man die Silser Kugeln finden, Objekte, die es vielleicht nirgendwo sonst gibt. Wenn die Lärchen ihre Nadeln abwerfen und der Wind sie aufnimmt und am Ufer des Sees verwirbelt, verhaken sie sich mit anderen Blatt- oder Zweigpartikeln oder nur mit sich selbst. Es bilden sich kleine fragile Bälle, Kugeln aus einem fedrigen Fast-Nichts. Aus Schokolade sind »Silser Kugeln« das ganze Jahr über in den Bäckereien des Dorfs zu kaufen.

Es gibt nicht nur Bibliotheken über Sils; es gibt in Sils auch eine besondere Bibliothek.

Juni 1962. »Diese Bibliothek ist geschaffen in Erinnerung an meinen Vater.« Stifterin Louise Silverberg, 58 Jahre, eröffnet im strengen Jackett die erste Leihbibliothek des Engadins. An ihre Seite steht die literaturbegeisterte Anita Forrer, 51, die schon als Mädchen mit Rilke korrespondiert hatte (Baudelaires »Fleurs du Mal« mit Rilkes Widmungszeilen zu ihrem zwanzigsten Geburtstag finden sich in der Bibliothek). Anita Forrer schenkte das Land, Louise liess das Haus bauen. Das Erdgeschoss war der Bibliothek vorbehalten, deren Grundstock der geisteswissenschaftliche Teil der Bibliothek ihres drei Jahre zuvor verstorbenen Vaters bildete. Buchbestände von Annemarie Schwarzenbach kamen hinzu, deren Nachlassverwalterin Anita Forrer war. Sie erhielt im zweiten Stock eine Ferienwohnung.

Louise Silverberg war das einzige Kind des deutsch-jüdischen Grossindustriellen, Politikers, Mäzens Paul Silverberg (1876–1959) und der Fabrikantentochter Theodora Silverberg, geb. Schönbrunn. Ihre unbeschwerte Kindheit in Köln (die Sommer in Bozen) fand ein Ende mit dem Ausbruch des Ersten Weltkriegs. Der Vater kam an die Front, die Mutter eröffnete in ihren Wohnräumen ein Notlazarett. Louise, neunjährig, befreundete sich im nahe gelegenen Krankenhaus mit einem österreichischen Soldaten. Bald brachte das Kind den Genesenden in die bequemere Pflege nach Hause. Und »unser aller Verhängnis« – wie sie die Liebe ihrer Mutter zu dem jungen Offizier nannte – begann. Trennung der Eltern. Scheidung. Louise, die ihren Vater über alles liebte, lebte fortan mit der Schuld, das Glück der Familie, des Vaters zerstört zu haben. (Sie wird ihr Leben mit Freundinnen meistern.)

Nach einer wechselhaften Vita, mutigen Reisen und der Gründung und jahrelangen Leitung eines Waisenhauses in

Wartaweil, das sie als ihr Lebenswerk verstand, zog sich Louise Silverberg 1957 mit Marianne Hauser (die in Wartaweil als Sekretärin gearbeitet hatte) ins Engadin zurück.

Seit ihrer Kindheit war ihr das Oberengadin eine Glückslandschaft, hier hatte sie sich später regelmässig mit dem Vater getroffen, der 1934 vor den Nazis in die Schweiz emigriert war und Deutschland nicht mehr betrat.

Louise Silverberg, eine starke Raucherin, starb an Weihnachten 1962 an einer Lungenkrankheit; ihre Freundin Marianne Hauser, die sie pflegte, wurde 1986 im gemeinsamen Grab beerdigt. Anita Forrer wohnte bis 1996 im Obergeschoss der Biblioteca Engiadinaisa.

Es riecht nach Arvenholz. Vor den Fenstern eine gelbe Löwenzahnwiese, dahinter das graumatte Schild des Silsersees, das schneebedeckte Massiv des Piz da la Margna. Es gibt Feriengäste, die sich hier ganze Tage aufhalten. Der Ausleihradius der Einheimischen reicht von Maloja bis Pontresina, Samedan, ja bis Lavin. Wichtige Tageszeitungen und Zeitschriften liegen aus. Ein Schwerpunkt der 20 000 Bände umfassenden Bibliothek sind Architektur und Kunst. Nach dem Tod von Anita Forrer wurde die Bibliothek erweitert. In ihrem ehemaligen Schlafzimmer befindet sich eine romanische Bibliothek.

Der Film »Die Wolken von Sils-Maria« (2014) hat dem kleinen grossen Engadiner Dorf erneut zu Aufmerksamkeit verholfen. Er zitiert mit dem Kurzfilm »Das Wolkenphänomen von Maloja« (1924, online bei YouTube) eine thermische Erscheinung, die im Volksmund auch die »Malojaschlange« genannt wird. Manchmal kann es geschehen, dass vom Bergell herauf Wolken kommen, die sich wie ein riesiger Wasserfall ins Engadin ergiessen und dann als »Schlange« Richung Unterengadin weiterziehen. Die weisse Luft-

Wasser-Erscheinung umspielt im Film »Die Wolken von Sils-Maria« eine erotische Anziehung zwischen einer älteren Schauspielerin und ihrem jungen Skriptgirl und schmiegt sich ein in ein Fleckchen Erde, in dem lesbische Lieben früh eine Heimat fanden.

Strassen

Es dürfte ein weltweites Unikum sein: Die Engadiner wollten keine Automobile. Tatsächlich herrschte in den Jahren
1900 bis 1925 in Graubünden ein Fahrverbot für Autos (mit
wenigen Ausnahmen). Und es hat zehn Volksabstimmun-
gen gebraucht, um es aufzuheben. Im Jahr 1900 erreichten
die Bündner Regierung mehrere Beschwerden, die sich
gegen das »Ungetüm von einem Automobil« wehrten. Der
Verkehr auf den Bündner Strassen, gemeint waren Pferde-
fuhrwerke, sei fliessend und schnell, und es gebe keinen
Grund, die Tiere durch stinkende Motoren verrückt zu
machen. Das »Bündner Tagblatt« stiess ins selbe Horn,
»denn schliesslich wohnen in Bünden noch Bauern, Hirten, Viehbesitzer und Händler, die sich von den Stink-
karren kaum über den Strassenbord hinausdrücken lassen«.
Das moderne Automobil wurde als eine Art Spielzeug von
rücksichtslosen, modischen Ausländern gesehen. Warum
sollte man sich von so etwas belästigen, gar noch gefährden
lassen! 1909 versuchte die Regierung einzulenken. Das
Auto habe sich weiterentwickelt, dank technischer Neue-

rungen sei es im Begriff, ein zivilisiertes Fahrzeug zu werden. Das sahen die Bündner noch lange nicht so. 1911 versuchte eine Initiative der Kutscher, die Verordnung des Grossen Rats zurückzuweisen, der den Autoverkehr beschränkt zulassen wollte. Im Bündner Tagblatt erschien ein Gedicht:

Das alte stolze Bündnerrecht
Des freien Wegs
Auch für den Knecht
Will Herrenlust euch rauben.

Ob Herrenlust,
Ob Bauernrecht
Soll gelten für ein ganz Geschlecht,
Gilt's morgen zu entscheiden.

Die Autogegner siegten: 11 977 zu 2662. Mit den Kutschern stimmten die grosse Masse der Bauern und die kleinere der Angestellten und Arbeiter der Rhätischen Bahn. Sie setzten sich durch gegen die gestankbringende »Herrenlust« der städtischen Feriengäste, die ihre schönen Strassen aus schierem Übermut unsicher machen wollten. Die neuen, gerade aufstrebenden Hoteliers sahen das natürlich anders. Sie argumentierten, dass sie mit Freude mehr Steuern für das Gemeinwesen bezahlen wollten, wenn sie mehr Gäste hätten. Und Gäste aus dem Ausland reisten eben gern mit dem Auto an. Während die anderen Kantone sich umstimmen liessen, blieb das Bergvolk der Bündner autofeindlich. Mit dem Krieg kamen Militärlastwagen. Nach dem Krieg fuhren die ersten Postautos. Doch die Bündner sahen den Nutzen privater Autos nicht ein. Selbst das Auto für den Arzt lehnten sie ab. Nach und nach wurde der Widerstand vor allem im Bündner Rheintal schwächer. Doch noch im Januar 1925 stimmten 12 700 Stimmen mit Nein gegen das Auto, 11 143 Stimmen dafür. Eine Volksinitiative der Hoteliers, die um die Sommersaison bangten, und der Autofreunde erzwang eine weitere Abstimmung ein halbes Jahr später im Juli. Da waren die Bauern mit ihren Wiesen beschäftigt, viele weit weg von den Wahlurnen auf ihrem Maiensäss. Und sie unterlagen. Knapp. 11 318 Bündner stimmten für das Auto, 10 221 dagegen.

Wenn heute die »Slawenkarawanen« (→ *Verrechnen*) durchs Engadin ziehen oder die Billigbenzin-Touristen das Puschlav verpesten, mag man mit Wehmut an den Versuch denken, die Bergstrassen autofrei zu halten. Einmal im Jahr, Anfang September, ist zumindest ein Pass autofrei: Man kann über den Albulapass radeln (slowup.ch/albula). Das Ganze ist ein Volksfest mit Markt in verschiedenen Orten und Festbewirtschaftung. Und ein Stück vergangene Utopie.

Ich fahre nicht Auto. Nicht aus Prinzip, sondern aus Unvermögen. Oder ich fahre nicht Auto, weil mein Mann ein brillanter Autofahrer ist (auch wenn er meist zu schnell fährt, was zu rituellen Ehekrächen führt). Im Grossen und Ganzen bin ich gern Beifahrerin. Und ich gebe zu, dass ich die Hauptstrasse 27, die durchs Engadin führt, geniesse. Die Engadiner sind geniale Strassenbauer, Brückenbauer. An den steilsten Hängen bringen sie die elegantesten, angenehmsten Strassen in wunderbaren Schleifen an. Noch vom Zug aus gesehen, ist die Kantonsstrasse über dem Inn ein ästhetisches Vergnügen, leicht wie ein flatterndes Hutband schwingt sie sich durch das Tal.

Aber was so leicht aussieht, ist Schwerstarbeit. In den Sommermonaten ist die Strasse eine Perlenkette von Baustellen. Und wer nun auf der Kantonsstrasse unterwegs ist, verbringt viel Zeit an Ampeln. Der Schnee, das Eis setzen dem schönen grauen Band zu; die Strasse muss andauernd erneuert, erweitert, etwas umgelegt werden, vielleicht weil ein Berg nachrutscht oder durch eine Bachüberschwemmung ein Stück abgebrochen ist. Oft müssen Strassen gesperrt werden. Problematisch ist etwa die Verbindung von Sils nach Maloja; hier diskutiert man den Bau eines Tunnels.

Viele Engadiner haben ein »Büga«, ein Bündner Generalabonnement, oder das »GA«, das Generalabonnement für die ganze Schweiz. Die Engadiner Jugendlichen, die in Schiers, Davos, Klosters oder in Chur auf die weiterführende Schule oder in die Lehre gehen und die Woche über in Internaten leben, sind mit dem Büga in den roten Wagen der Rhätischen Bahn und in den gelben Postautos zu Hause. Das Schweizer Postauto, das noch die kleinsten Gemeinden anfährt, ist ein ungeheurer Luxus. Es ist leicht möglich, die Engadinferien schon auf den Schienen beginnen zu lassen. Die meisten unserer Tübinger Freunde kommen mit der Bahn, die Heidelberger auch. Unsere Kölner Freunde kommen mit dem Auto. Wir sind, seit wir im Engadin wohnen, mehr auf die öffentlichen Verkehrsmittel umgestiegen. Manfred behauptet, dass er, wenn unser alter Passat nicht mehr fährt, in die Carsharing-Genossenschaft »Mobility« eintritt und nur noch Schweizer Teil-Auto fährt. Wir werden es sehen.

Für Feriengäste gibt es verschiedene Pauschalangebote, die Zug, Postauto, Bergbahnen, ja noch den Eintritt ins Bogn Engiadina verbinden. Nicht mehr tanken, keinen Parkplatz suchen, kein Auto von Schnee freischaufeln. Nie mehr vor einer vereisten Steigung bangen und liegenbleiben. Keinen Verkehrsunfall haben. Das ist auch Freiheit.

Todesarten

Niculin kannte ich vom Angeln. Er und seine jüngeren Brüder Fadri und Albin nahmen Matthias mit an den Inn. Matthias war zehn. Im Engadin dürfen Kinder unter vierzehn Jahren nur angeln, wenn ein Erwachsener mit Patent dabei ist. Also hatte ich das Patent gemacht und begleitete ihn, ein mütterlicher Joker, der immerhin in Fragen des Proviants sinnvoll sein konnte. In Scuol, auf der Höhe der alten Tarasper Trinkhalle, schlugen sich die Buben in den Wald. Auf einmal standen wir an einer schroffen Felswand, deren Gestein von bröckliger Konsistenz schien. Ich verstand die Lage nicht. Da entdeckte ich ungläubig ein schmales langes Holzbrett, das zwischen zwei Gesteinsnasen gelegt war. Und mein Unverständnis schlug um in Entsetzen, als ich sah, wie Niculin, Fadri, Albin und auch mein Sohn sich selbstverständlich dieser schmalen Latte näherten, ja schon auf ihr waren und, an der Felswand entlangbalancierend, hinübergingen. Es folgte ein sehr steiler, sich windender Schiefersplitterweg hinunter. Mit letzter Überwindung ging auch ich über den Steg; ich dachte, ich kann meinen Kleinen nicht allein lassen. Unten am Wasser war eine Bucht, Felsen ragten aus dem Wasser. Es war kalt. Die Jungen sammelten Larven, zogen sie auf die Haken. Warfen die Angeln aus. Die Stelle schien heute nicht gut zu sein. Sie schlugen sich weiter den Fluss entlang durch tief hängendes Gezweig, die langen Angeln irgendwie tragend. Koordinationskünstler. Ich sah einen körperlichen Unterschied der Senter Knaben zu meinem Jungen aus Tübingen. Obwohl Matthias sportlich ist, war das hier eine andere Klasse von muskulöser Anmut. Und ich weiss, dass ich die ganze Zeit Angst hatte, auf dem Rückweg wieder über das Holzbrett ganz oben am Hang balancieren zu müssen. Es ging gut. Niculin hatte als Einziger einen Fisch gefangen, er trug ihn an einer Astgabel, die er ihm zwischen Mund und Kiemen gesteckt hatte.

Niculin wird damals vierzehn oder fünfzehn Jahre alt gewesen sein. Manchmal sah ich ihn bei den Fussballturnieren. Später kühn mit seinem Mofa auf der Strasse von Sent nach Scuol. Er hatte eine Lehre als Forstwart begonnen. Es war ein Montag im Juli, gegen Mittag, als die Totenglocke läutete. Am Abend ging das Dorf nach Stron. Es ist ein Senter Brauch, dass man hier beim Dorfeingang, am Platz, wo der Brunnen mit dem Eisensäuerling fliesst, die Toten abholt und dann nach Hause bringt. Als ich kam, stand der Sarg schon da, ein Holzsarg mit einem kleinen Schiebefenster da, wo das Gesicht ist. Es nieselte. Ein Mann hielt einen schwarzen Schirm über das Fenster. Dann wurde das Glas vorsichtig geschlossen. Männer, unter ihnen Niculins Vater, trugen den Sarg nun ins Dorf hinein. Manchmal stellten sie ihn ab, und Niculins Eltern beugten sich zu dem Fensterchen, schoben das Holz zurück. Wollten sie sehen, wie es ihrem Jungen geht? Wollten sie begreifen, was sie sahen? Das Dorf ging hinter dem Sarg her bis zum Haus der Familie. Es waren sehr viele Menschen.

Als ich ins Haus kam, war Niculin schon in der Stüva aufgebahrt. An der Wand hing ein Jesusbild aus dem 19. Jahrhundert im Rahmen. Der Prediger sprach zum wiederholten Mal: Der Herr ist mein Hirte. Niculin trug ein frisch gebügeltes, blau-weiss kariertes Hemd, eine Hose und Wollsocken. Auf dem Kopf seine Hockeymütze. Er war ein sehr guter Eishockeyspieler, Nummer 44 im Club da Hockey Engiadina. Beim Bäumefällen heute am späten Vormittag war es geschehen. Die Kettensäge seines Kollegen hatte sich im Baum verhakt, Niculin, der helfen wollte, lief zu ihm hinüber. Er hatte Ohrenschützer auf, gegen den Lärm. Und hörte nicht, wie sein Baum, an dem er gerade noch gearbeitet hatte, auf ihn herunterstürzte.

Die Nachbarn, die Lehrer, die Schulfreunde, alle kamen in die Stüva. Sie standen. Sie weinten. Sie gingen um den Sarg herum. Sie umarmten die Eltern, die Geschwister. Sie gingen. Andere kamen nach. Sie standen. Manche konnten nicht weinen. Seine Kameraden blieben bei seinem Kopf sitzen.

Am Tag der Beerdigung, wie es die Regel will: drei Tage nach dem Tod, war Sent schwarz von Trauergästen. In der Kirche sprachen Niculins Schwester Arina und ein Cousin. Es wurden wohl auch Bilder aus Niculins Leben gezeigt. Wir standen, wie die meisten, draussen, die Kirche konnte lange nicht alle fassen, die gekommen waren. Das Pferd wartete schon. Niculins Kollegen vom Engadiner Hockeyclub in ihren Trikots hoben den Sarg auf einen hölzernen Wagen mit hohen Rädern. Ein Gemeindearbeiter führte das Pferd, das den Wagen zog. Die Hockeymannschaft gab den Sarg an Seilen in das Grab. Albin, der jüngste Bruder, liess aus einem geflochtenen Korb weisse Tauben auffliegen. Die Beerdigung war schon vorbei, als der Zug der Trauergäste immer noch auf den Friedhof kam. Nicht alle hatten dort Platz. Auf der Todesanzeige in der zweisprachigen Zeitung des Tals, der Engadiner Post/Posta Ladina stand: »Il Segner ha dat, il Segner ha tut, benedi saja il nom dal Segner.« – »Der Herr hat's gegeben, der Herr hat's genommen. Gelobt sei der Name des Herrn.« In ein paar Tagen wäre Niculin siebzehn Jahre alt geworden.

Ich erinnere mich: an eine 48-jährige Bäuerin aus Susch, die auf der Wiese mit einer landwirtschaftlichen Maschine kippte und von ihr erschlagen wurde. Ich erinnere mich an einen jungen Velofahrer, der, obwohl es verboten ist, in den Felsengalerien im Uina-Tal fuhr, statt zu schieben, mit seinem Rucksack das Gestein streifte, in der Fahrtrichtung abgelenkt wurde und in die Schlucht stürzte. Ein sechzig-jähriger Mountainbikefahrer kam im Val Sinestra vom Weg ab. Ein anderer Sechzigjähriger rutschte beim Angeln aus und ertrank im Inn. Ich erinnere mich an einen Autofahrer auf der Strecke von Vinadi Richtung Ramosch, der von einem Felsbrocken getroffen wurde. Ich erinnere mich an einen 25-jährigen Mann, der mit einer Pistenmaschine – er sollte den Weg für den Skimarathon präparieren – auf dem Silvaplanersee einbrach und ertrank. Eine junge Kletterin, die im Robinson Club in Scuol arbeitete, unser Sohn Andreas kannte sie, stürzte ab. Es gab Lawinentote.

Lüzza Campell ist Arzt in der dritten Generation. Sein Grossvater war ein Initiant der IKAR (Internationale Kommission für alpines Rettungswesen). Wir sitzen in einem Patrizierhaus aus dem 18. Jahrhundert in Pontresina. Die verschiedenen Praxisräume von Lüzza Campell befinden sich in holzgetäfelten Zimmern. Es gibt Jugendstillampen und Muschelintarsien an den Wänden. »Hier zum Beispiel«, sagt er – und ich sehe auf einen Medizinschrank und eine Untersuchungsliege –, »hat die Familie früher Weihnachten gefeiert.« Wir gehen in einen Raum, in dem ausgestopfte Tiere stehen (→ *Jagd*). Ein kleiner, weisser Hermelin im Winterfell neben einem braunen im Sommerkleid. Ein Edelmarder mit gelbem Brustfleck, ein Steinmarder mit weissem. Eine Gemse, eine Eule, ein Auerhahn. »Den hat mein Grossvater in Jugoslawien geschossen.« Ein Bild von Rudolf Campell sen. mit einer Legende zu seinem Leben hängt an der Wand. »Früher sind sie ja mit den Skiern zu den Unfällen gegangen und haben die Leute dann runtergetragen; mein Grossvater hat auch Geburten in Berghütten versorgt.« Neben einer alten Engadiner Truhe steht eine Kindertracht. Rotes Kleid, schwarze Schürze. Schürze und Brustteil mit Hängenelken bestickt.

Lüzza Campell hat 25 Jahre für die Rega, die Schweizer Rettungsflugwacht, gearbeitet. Das letzte Mal, nachdem er bei einem Nachteinsatz im Winter an einer Winde hing, hatte er am Morgen kein Gefühl mehr in den Fingern. Erfrierungen. Da habe er gedacht, jetzt bist du 54 Jahre, es reicht. Was ist eine Winde? Er zeigt mir ein Bild. Ich sehe einen Helikopter und, an einem langen Seil über einem Tal schwebend, Dr. Campell. Das Seil, an dem er hängt, ist mit einer Winde am Hubschrauber befestigt. »Wenn es Unfälle gibt, wo der Hubschrauber nicht landen kann, fliegt der Pilot die Stelle an, und der Arzt, manchmal auch ein Bergführer, werden zum Verunfallten hinuntergelassen.« Zusammen am Seil? »Nein, nacheinander, aber mit dem Verunfallten dann schon zusammen. Oder da hängt ein Paraglider im Baum, unverletzt, und kommt nicht runter. Wenn der Heli ihn anfliegt, kann es sein, dass er durch die Abluft das Gleichgewicht verliert und fällt und sich dann erst verletzt.

Das ist auch das Problem, wenn einer am Fels nicht weiterkommt. Der Wind des Helikopters kann gefährlich sein. Da muss man die Longline nehmen, neunzig Meter statt dreissig oder vierzig.« Wenn man dann da dranhänge, sei es wie fliegen. »Man hört den Helikopter kaum noch, man steht einfach in der Luft.«

Pontresina ist ein Bergsteigerdorf. Deshalb habe man hier auch häufig Bergunfälle. Im Sommer die Wanderer, die Hochtourengänger, die Kletterer. Es gebe Klettergärten, mit gebohrten Haken, in die man sich selbst mit dem Seil einhängen müsse. Und Klettersteige mit Sprossen, Klammern und Leitern. Die Idee der Klettersteige komme aus dem Ersten Weltkrieg, als um die Gipfel gekämpft wurde. Über diese »Vie ferrate«, Eisenwege, kamen Patrouillen und Nachschub auf die Berge hinauf. Einer der touristischen Klettersteige liege im Gebiet von Diavolezza und Morteratsch. Ob ich die Geschichte kenne vom Mort Aratsch? Vom Viehhüter Aratsch, der seine Geliebte, die Bauerstochter Annetta, nicht heiraten durfte und deshalb in die Fremde zog? Annetta starb vor Kummer, und Aratsch sprang, als er zurückkam und von ihrem Tod erfuhr, in eine Schlucht nahe der Alp, wo sie sich getroffen hatten. Seit diesem Tag hätten die Hütejungen auf der Alp ab und an eine weibliche Stimme klagen hören: »Mort Aratsch« (»Aratsch ist tot«). Der Geist der Jungfrau ziehe immer noch herum, er habe ihn aber noch nicht gesehen.

Im Herbst kämen dann die Jagdunfälle. »Und es gibt Kreuzottern.« Kreuzottern im Engadin? »Ja, viele.« Tödliche Bisse? »Selten. Aber wenn Sie Pech haben, schon. Oder Sie zelten an einem Bach, es kommt ein starkes Gewitter, und am Morgen ist der Bach einen Meter höher. Das Gebirge ist unberechenbar. Das macht ja auch seinen Reiz aus.« Er nimmt einen Schluck Kaffee. Am häufigsten seien jedoch die Wanderunfälle. »Es gibt einfach viele Wanderer; jeder zweite Schweizer wandert.« Und mit den neuen E-Bikes gehe es jetzt los. »Da fahren oft Menschen, die schon nicht so sehr sportlich sind. Und mit den E-Bikes sind sie dann zu schnell über Stock und Stein.« Aber allein die Höhenlage sei schon ein Faktor. Leute aus dem Flachland bekämen schnell Herz-Kreislauf-Probleme, einen hohen Blutdruck. »Die Sauerstoffspannung ist bei uns tiefer. Da kann man leicht Schwierigkeiten bekommen, wenn man das nicht gewohnt ist und übertreibt.«

Im Winter, im Frühling kämen die Lawinen. »Ich habe Lawinenunfälle fotografiert«, sagt er. »Das sind keine schönen Bilder.« Er geht an den PC. »Sehen Sie das Blut?« Ich sehe tiefrote Matschfelder. »Da wird der Körper so gequetscht, dass alles Blut austritt. Der nasse Schnee ist wie Beton. Und hier die Leichen. Ja, das ist der Kopf, aber da ist schon sein Bein, und das andere Bein ist da. Wie Puppen, sie sind ganz zerschlagen, wie Puppen.« Dann sehe ich Bilder, die unglaublich harmlos wirken. Schöne Spuren im Weiss, dann ein wenig aufgeworfener Schnee. »Das war eine Lawine«, sagt Dr. Campell. »Sehen Sie den Felsen. Ein Tourengänger, der sich auskennt, geht da ganz schnell drunter vorbei. Aber diese Gruppe hat hier gepicknickt! Gepicknickt! Dann kam die Lawine, alle vier waren weg. Oder hier, da war ein Vater mit einem Sohn unterwegs. Der Sohn wollte kurz austreten. Die Lawine kam. Das ist auch das Problem bei den Schneeschuhgängern. Skifahren muss man ja noch lernen. Aber die Schneeschuhe ziehen sie einfach an. Dann gehen sie die Berge hoch und kennen sich aber nicht aus. Wer von der Piste abweicht, begibt sich in Lawinengefahr.« Aber das Langlaufen ist doch harmlos, versuche ich es. »Ach«, sagt er, »wenn Sie da auf der vereisten Spur ausrutschen, können Sie sich leicht einen Arm brechen und im dümmsten Fall auch eine Niere reissen. Das hatte ich auch schon. Es ist ja was Schönes, Langlaufen, und es sind ja überhaupt alles schöne Sportarten!«

»Sehen Sie dieses Bild hier?« Ja, sage ich, das kenne ich, das ist auf dem Corvatsch, aber das ist doch Piste, da ist ein Skilift! »Nein, sehen Sie die Lawine neben der Piste? Es war an Ostern vor sechs Jahren. Ein Vater, Tochter und Sohn waren unterwegs. Auf einmal war das Mädchen, neunzehn Jahre, weg. Lawinenhunde haben sie dann gefunden, sie war etwa einen Meter tief verschüttet. Man konnte nicht direkt hinfliegen, die Sicht war zu schlecht. Also haben sie mich mit der Winde runtergelassen. Der Hund hat angezeigt, wir haben sie ausgegraben, sie war leblos. Der Vater sitzt noch im Sessellift und schaut runter und denkt, da ist was passiert. Also Atemwege freilegen, pumpen mit dem Beatmungsbeutel. Auf einmal fing sie an zu atmen. Aber sie war tief bewusstlos. Wir haben sie auf den Rettungsschlitten gelegt, zum Helikopter gefahren. Der Lawinenhundeführer war dabei. Im Helikopter dann Infusionen, nochmals Untersuchungen. Auf einmal macht sie die Augen auf. Das war das Schönste! Und im Spital in Samedan fing sie an zu sprechen. Es war alles in Ordnung. Sie war etwa zwanzig Minuten lang verschüttet gewesen. In den ersten zwanzig Minuten sterben sechzig bis siebzig Prozent. Nein, sie konnte sich an nichts erinnern. Eine Woche später hat der Vater alle eingeladen. Die ganze Crew, zum Essen eingeladen ins Corvatsch-Restaurant, den Piloten, den Rettungssanitäter, die Hundeführer, die Pistenmannschaft, alle!«

Seit Niculins Tod sehe ich den Parkin in Sent, den begehbaren Skulpturenpark seines Onkels Not Vital, anders. Der Park befindet sich auf einem sehr steilen Hang am Dorfeingang. Ursprünglich wollte ein Randulin, ein zurückgekehrter Zuckerbäcker (→ *Randulinas und Randulins,* → *Zuckerbäcker oder Zurückkommen*), hier eine Villa errichten und einen Park mit verschiedenen romantischen Winkeln anlegen. Er hat das Projekt begonnen – es gab einige Mauern, Treppen, Buchsbaumnischen, ein Schwimmbad – und wieder aufgegeben. Das Gelände wurde lange nicht genutzt, bis der Künstler Not Vital es kaufte und hier nach und nach interaktive Installationen errichtete.

Das Schwimmbad ist, wie eine Büchse, in Metall gefasst und wird von einem wasserspeienden Kamelkopf gespeist; in einem Teich schwimmen Kois (wenn sie die Winter überleben), eine steile Treppe führt hinunter zu einem an eine winzige Eishütte erinnernden Glashaus direkt am Abgrund. Viele der Plastiken spielen mit der Gefahr. Man kann über eine kleine Brücke aus Eselsköpfen gehen, die auf schwankenden Stelen stehen. Am Anfang denkt man, es ist kein Problem, weil die Stelen noch relativ tief sind und die Halteseile rechts und links stramm. Aber gegen die Brückenmitte hin werden die Stelen höher, weil das Gelände abfällt, und das Seil hängt lockerer durch. Man kann sich nicht mehr sicher festhalten, sondern muss ein eigenes Gleichgewicht finden. Es gibt diese Brücke auch noch in einer zweiten höheren Ausführung (über die gehe ich nicht). Man kann was weiss ich wie viele Meter hinauf auf einen Adlerhorst klettern und sich dort oben hinsetzen (mache ich auch nicht). Es gibt eine geländerlose Rampe, auf der manchmal Theater gespielt wird, von schwindelfreien Mimen. Eine kleine, schiefe Hütte, ausgelegt mit schwarzen Schaffellen, ist um einen Baum direkt über einem sprudelnden Fluss gebaut. Ein fensterloses Haus in Tortenstückform mit Flachdach spielt mit der Zweitwohnungsproblematik. Es ist als Wiese bepflanzt und lässt sich ganz in den Boden versenken, wie in ein Grab (ich bin einmal hinuntergefahren, war aber froh, als wir wieder oben waren). Not Vital provoziert das Erschrecken; nur einen Schritt ist der Tod von einem Kinderspiel entfernt.

Zu Weihnachten ist Niculins Familie nach Pittsburgh gefahren. Not Vital hat über einen Freund Karten für ein Eishockeyspiel der National Hockey League organisiert. So ein Spiel zu sehen war immer ein Traum von Niculin gewesen.

Uors

Ab und an kommt ein Bär im Engadin vorbei. Kurz zu seiner Geschichte: Am 4. September 1897 berichtet ein Korrespondent der »Neuen Bündner Zeitung«, dass im Uina-Tal ein »echter (nicht degenerierter) Bär« erlegt wurde. Mit »nicht degeneriert« ist wohl gemeint, dass es kein entlaufener, gezähmter Bär aus einem Wanderzirkus gewesen ist. Sondern ein richtig wilder. »Dieser Bär oder vielmehr diese Bärin hatte noch Milch im Euter und war in Begleitung von einem Jungen gesehen worden, welches aber nicht in den Schuss kam.«

1904, also sieben Jahre später, wurde am Piz Pisoc der letzte Bär der Schweiz erschossen. Die Jäger brachten ihn ins Kurhaus Tarasp, erhielten 400 Franken für 116 Kilo Bärenfleisch, das der Hotelkoch für die Gäste zubereitete. Der ausgestopfte Bär stand danach eine Zeitlang im Speisesaal. Heute ist er im Bergbau- und Bärenmuseum in S-charl zu sehen. Vermutlich handelte es sich bei diesem Tier um den Bären, der damals im Uina-Tal seine Mutter verlor und fliehen konnte.

Danach gab es keinen Bären mehr in der Schweiz. 1962 wurde die Spezies Bär in Abwesenheit unter Schutz gestellt. 1999 übersiedelte man Bären aus Slowenien ins Trentino, Italien. Die dortige Bärenpopulation sollte erhalten werden. Heute leben etwa fünfzig Braunbären im Trentino. Im Juli 2005 zeigte sich nach fast hundert Jahren wieder ein Bär in der Schweiz, zunächst am Ofenpass, wenig später im Schweizer Nationalpark. In den Medien war freundlich von der Rückkehr des »Meister Petz« die Rede. Die Stimmung änderte sich, als ein Bär, der vermutlich über das Uina-Tal ins Unterengadin gekommen war, im September 2005 bei Ramosch 22 Schafe so erschreckte, dass sie in den Abgrund stürzten. Das Amt für Jagd und Fischerei kündigte an, den Bären mit einem Sender zu versehen und ihn gegebenenfalls mit Gummischrot davon abzuhalten, sich Haustieren zu nähern.

Seither sind mindestens elf Bären ins Unterengadin, ins Val Müstair, aber auch ins Oberengadin gekommen. Sie polarisieren. Damit sie weniger affektbeladen sind, erhalten sie keine Namen mehr (wie »Lumpatz« oder »Bruno«), sondern nur noch Nummern. Charaktere haben sie trotzdem. Manche sind scheu und ziehen nach kurzen Ferien in der Schweiz wieder in ihre italienische Heimat zurück; manche naschen zu gern an den Mülltonnen und werden auf die Todesliste gesetzt. Im Frühling 2012 streunte M13 aus dem Südtirol ins Unterengadin; er bekam einen Sender, seine Wege wurden aufgezeichnet. Im Mai lief er in die Rhätische Bahn, kam aber mit dem Schrecken davon. Damals ging der Witz durchs Tal, er habe an den Schienen Autostopp machen wollen. M13 liebte die Nähe der Zivilisation. Er brach in ein leer stehendes Ferienhaus ein, riss einen Esel, ging fischen. Auf Gummischrot reagierte er gelassen. Er konnte im Puschlav überwintern. Doch nach dem Aufwachen trieb ihn der Hunger nach Poschiavo. Dort zeigte er sich auf einer Brücke einem vierzehnjährigen Mädchen. Am Morgen des 19. Februar wurde er erschossen. Heute liegt er in der Kühltruhe des Dorfmuseums. Man sammelt Geld, um ihn auszustopfen, für die nächste Ausstellung.

Im Frühjahr 2016 erschien im Netz ein spektakuläres Video aus einer Bienenhaus-Überwachungskamera im Val Müstair. Es zeigt einen Jungbären, wie er mit seinen Pfoten anmutig Honig stiehlt und danach, als er satt ist, auf dem Rücken liegend, mit allen vier Pfoten eine jener Lampen jongliert, die ihn hätten abschrecken sollen. Er spielt. Wenig später verunglückte ein Bär tödlich durch einen Zusammenstoss mit der Rhätischen Bahn bei Zernez; vermutlich war es der Bär vom Bienenhaus.

Bären sind keine begeisterten Fleischfresser. Zu drei Vierteln ernähren sie sich vegetarisch. Sie sind nicht aggressiv. Hysterie ist nicht angebracht, aber Respekt. Wenn man einen Bären sieht (was extrem unwahrscheinlich ist!), sollte man ihn in Ruhe lassen und sich ihm nicht etwa zwecks eines Selfies mit Teddy nähern. Viele Bärenforscher halten es für gut möglich, dass auch in der Schweiz (wie im Trentino) Bären und Menschen zusammenleben können. Die Engadiner Bauern, die Angst um ihre Herden haben, sind skeptischer als die Wissenschaftler. Also noch ein Bärenwitz. »Was braucht man, wenn der Bär kommt? – Drei ›sch‹: schiessen, schaufeln, schweigen.«

An der Kantonsstrasse stehen in regelmässigen Abständen bärensichere Mülleimer. Auch Privathaushalte könnten abfallsensibler sein, um die faszinierenden Grosswildtiere von den Siedlungen fernzuhalten. Ihre Gefährlichkeit und ihre Gefährdung bestehen darin, dass sie zutraulich werden.

Wer sich weiter für den Bär im Engadin interessiert, lese die Referate des letzten Bärensymposiums in Samedan 2016, auf dem Fachleute aus Italien, Slowenien und der Schweiz diskutierten: www.pronatura.ch/baerensymposium.

Verrechnen

Geld ist ein Thema, und man kann sich leicht verrechnen. In der Tübinger Altstadt ging ich oft auf den Markt, den Bauern und Gärtner aus der Umgebung belieferten. Es kamen auch Männer von den Erdbeer- und Spargelplantagen aus dem Badischen, Fischhändler, Geflügel- und Wildlieferanten aus Stuttgart. Der Markt war teuer. Einer der Stände hatte duftende Freilandrosen. Und wenn sie auf dem Küchentisch standen, erfüllten sie den ganzen Raum. Ich mochte, wie die Knospen sich langsam öffneten und die Farbtöne sich änderten. Wenn wir weniger Geld hatten, kaufte ich drei Rosen, wenn wir mehr hatten, wurden die Rosensträusse grösser. Manchmal mischte ich sie mit dem blauen Rittersporn. Ich liebte den Markt; es war schön, beim Einkaufen Freunde, Bekannte zu treffen.

In Sent gab es keinen Markt. Die Rosen fehlten mir. Aber nicht lange. Nun ging ich mit der Schere an den Rand der Wiesen und pflückte mir Sträusse: Butterblumen, Margeriten, Wiesensalbei, Natternkopf, Akelei, Schafgarbe, Wicken, Gräser und Rispen (→ *Fluors*). Unsere Sträusse auf dem Küchentisch wechselten mit den Jahreszeiten wie die Wiesen. Und hinters Haus pflanzten wir einen Rosenbusch, der heute bis hinauf ins zweite Stockwerk wächst und blüht.

Der Markt fehlte mir weiterhin. Aber ich konnte in die Klage vieler Deutscher, die Schweiz sei so teuer, nicht einstimmen. (Als wir herkamen, lag der Kurs bei 1,50. Nach der Aufhebung des Mindestkurses von 1,20 Franken pro Euro im Januar 2015 hat er sich mittlerweile bei 1,10 eingependelt.) Unser Leben in Sent war billiger als das in Tübingen. Wo sollte ich in Sent Geld ausgeben? Ich kaufte im Volg ein, in der Käserei (der Senter Alpkäse kostete um die zwei Franken), in der Metzgerei (gut, das Wild war teuer, aber die Wildsaison ist kurz). Manfred fuhr mit dem Auto nach Scuol, wir gingen in den Coop, sammelten mit der »Supercard« Punkte und orientierten uns ein wenig an den Actions-Preisen (»Action« heisst Sonderangebot). Das Fleisch war teurer als in Deutschland; es war meist besser. Das Obst – es kam oft aus Italien – billiger. Und gegen meine Tübinger Marktorgien war das alles harmlos. Es gibt in Scuol einen legendären Metzger, seine Produkte sind Kunstwerke. Wir kauften auch bei ihm, aber in andächtigen Mengen.

Erst mit der Zeit wurde uns klar, dass man auch in Österreich einkaufen kann. Aber gerade ich, die ich nicht Auto fahre, weiss, wie wichtig unser kleiner Volg-Laden, die Molkerei, die Metzgerei, die beiden Bäcker, das Sportgeschäft (wo es immer Kaffee und selbst gebackene Kekse gibt), die zwei Geschenk- und Bastelboutiquen, das »Sgabuz« (ein Fairtrade-Laden, der auch selbst gebackene Nusstorte verkauft) in Sent sind. Im Grunde ähneln diese Geschäfte den Ständen des Tübinger Markts: Es sind Orte, wo man sich trifft, verweilt, etwas erfährt. Das Einkaufen – und die Produkte sind hochwertig – gilt mir als schöne Lebens-zeit. Ich höre Romanisch und versuche, es zu sprechen. In Sent einkaufen ist auch kostenloser Vallader-Unterricht!

An den Wochenenden ziehen sich Autoschlangen mit pol-nischen, tschechischen, slowakischen Kennzeichen von Österreich das Engadin hinauf. Ihr Ziel ist Livigno, ein zollfreies Gebiet in Italien, das sie über einen Verbindungs-tunnel, der von der Ofenpassstrasse abzweigt, erreichen. Manfred sagt: »Die Slawenkarawane ist wieder unterwegs.« Diese Reisenden verbinden vergleichsweise preisgünstige Ski- oder Wanderferien mit dem Kauf von Spirituosen und Tabak. Und sie tanken in Livigno.

Das billige Benzin von Livigno schafft Probleme, vor allem für die einheimische Bevölkerung im Puschlav, dem weiter westlich gelegenen Südtal. Das Tal leidet unter einem extremen Verkehr, weil es als Zugangsweg vom ita-lienischen Tirano zu den zollfreien Zapfsäulen Livignos verstanden wird. Die Puschlaver haben nur den Lärm und den Dreck; die Durchfahrenden halten kaum bei ihren Res-taurants oder Geschäften an. Denn schon ein paar Kilometer weiter beginnt Euroland, und alles kostet viel weniger.

Im Unterengadin gibt es (unweit von Sent) das zollfreie Gebiet Samnaun, im Winter nicht nur eine grandiose Ski-arena (→ *Muskelkater*), sondern auch eine Einkaufsmeile. Wir gehen manchmal nach Samnaun Ski fahren, einkaufen nicht. Ich mag die Atmosphäre in den dortigen Läden nicht. Mir ist die Überfülle von Dingen, die ich nicht brau-che, zu viel.

Ich will es nicht schönreden: Das Engadin kann sehr teuer sein! Unser grosser Sohn Andreas stand einmal stau-nend dabei, als wir Karten für die Standseilbahn hinauf nach Muottas Muragl (→ *Höhe*) kauften. »Für dieses Geld«, hauchte er, »hätten wir nach London fliegen können.« Ja, sagte Manfred, er wolle jetzt aber nicht in London sein. Und dieser Vergleich stimmt ja nicht. Zu den Preisen der Billigfluglinien kommen die Kosten (und die Zeit) für die Wege zu den teils abgelegenen Flughäfen. Und wie sind die Wartezeiten während des Reisens, wie sind die Eincheck-Prozeduren zu berechnen? Der Aufenthalt in der schlechten Luft in meist hässlichen Räumen? Hingegen ist schon die Fahrt auf den Berg hinauf schön; wenn ich oben bin, ist es sofort gut. Und es kommen nicht unbedingt Kosten dazu. (Man muss nicht einkehren, jeder kann sein Vesper mitnehmen!) Wenn ich aber in London gelandet bin, bin ich noch lange nicht da, wo ich hinmöchte. Und das Geld-ausgeben beginnt.

Was unsere deutschen Freunde regelmässig erstarren lässt, sind die Preise in den Restaurants. In Berlin, flüstern sie, bekämen sie ein Mittagessen für vier oder fünf Euro. Das kostet bei uns gerade ein Glas Apfelsaft. Ich könnte jetzt mit Überzeugung sagen, dass die Qualität der Speisen auch höher ist (Ausnahmen bestätigen die Regel). Und doch bleibt: Ein einfaches Essen mit einem nichtalkoholischen Getränk liegt bei mehr als zwanzig Franken pro Person. Das lässt sich ganz schnell steigern mit einer Vorspeise (locker ab zehn Franken) und einem Glas Wein (da erschauere auch ich: Ein Dezi, also 0,1 Liter, kostet sieben Franken aufwärts). Wir kehren auf Wanderungen immer in Hütten ein, aber im Alltag gehen wir sehr selten essen. Manchmal treffen Franziska und ich uns zu einem Sushi-Abend im Hotel Laudinella in St. Moritz; zur Sportschau am Samstagabend holt Manfred für Matthias und sich eine Pizza vom kalabresischen Wirt in Crusch, einer Fraktion von Sent. In dieser Pizzeria trifft man regelmässig die Senter, obwohl sie in einer halben Stunde mit dem Auto auf dem Reschenpass wären und dort in einer italienischen Pizzeria sein könnten, wo das Einkehren um gut die Hälfte billiger ist (besonders, wenn man Wein trinkt). Aber die Pizzeria in Crusch ist für viele Senter eine Art zweites Wohnzimmer. Man fühlt sich dort zu Hause.

Vielleicht sollte man die Kosten nicht unabhängig von der Qualität der Räume sehen, in denen man einkauft oder isst. Eine einfache Bündner Gerstensuppe auf einer Skihütte kostet um die elf Franken. Aber sie ist hochwertig, schmeckt in der Regel gut und macht satt. Nach dem Essen ist einem wieder warm. Und man durfte sich in einer schönen Atmosphäre ausruhen.

Auf meinen Lesereisen schlafe ich oft in deutschen oder österreichischen Hotels. Es ist nicht ungewöhnlich, dass ich in einem Zimmer untergebracht bin, das an einer Strasse, ebenerdig, mit Blick auf einen Parkplatz liegt, und dass am Morgen in einem Raum, der an einen Autobahn-Schnellimbiss erinnert, ein blasses Frühstück offeriert wird (Fruchtcocktail aus der Büchse, Scheibletten-Käse und Joghurt, das einer Mischung aus Kartoffelstärke und Pudding gleicht). Die Preise für solche Etablissements liegen in den grösseren Städten bei 150 Euro. Das billigste Zimmer im historischen → *Hotel Waldhaus Sils-Maria*, fünf Sterne, kostet 230 Franken. Im Preis enthalten sind das abendliche Fünf-Gänge-Menü sowie ein kaum zu steigerndes Frühstücksbuffet. Im Preis ebenfalls inbegriffen sind, wie in vielen Hotels der Region, Karten für die kostenlose Nutzung der Bergbahnen. Ein Hoteltransfer zum Bahnhof in St. Moritz ist selbstverständlich. Und an der Rezeption steht Noldi und spricht mit uns Romanisch.

Natürlich sind 230 Franken pro Person und Nacht trotzdem viel Geld. Im Unterschied zu wirklich reichen Menschen, die nicht im billigsten Zimmer, sondern in den

Suiten des Waldhaus logieren, bleiben wir dann drei, vier Tage und nicht wie diese viele kultivierte Wochen lang (oder gar für mehrere Monate).

Ich weiss nicht, ob und wann wir auf die Idee gekommen wären, ins Waldhaus zu gehen, hätte uns das Waldhaus nicht einmal dorthin eingeladen. Ich sollte zum Lesen kommen. Das Honorar waren drei Nächte mit Halbpension für mich und meinen Mann. Unser jüngstes Kind durften wir auch noch mitbringen. Es war der heisse Sommer 2003. Die grossen Kinder waren in Ferienlagern. Und so bot es sich an, diesen Aufenthalt zu verlängern. Wir zogen also, bevor wir ins Fünf-Sterne-Hotel durften, auf den Campingplatz von Maloja. Es war traumhaft.

Wir schlugen zwei kleine Zelte auf einer Lichtung nahe einem Wäldchen auf. Der dreijährige Matthias und ich teilten uns ein Zelt; Manfred bekam das zweite (er wollte abends noch lesen). Und unser Hund schlief im Auto. Wir hatten ein kleines, aufblasbares Boot dabei. Während Manfred mit dem Hund zu einer nahe gelegenen Bucht mit Wiese lief, ruderte ich Matthias über den See dorthin. Das Wasser war – für den Silsersee! – warm: 20 bis 21 Grad. Wir machten kleine Wanderungen, auf denen Manfred für Matthias Geschichten erzählte, Märchen, die er ausschmückte. Wenn das Kind nicht mehr laufen wollte, hörte Manfred auf zu erzählen. Da ging es weiter. Wir wanderten ins wunderbare Fextal durch seine Blumenwiesen mit dem Piz Tremoggia am Talschluss, dessen Gipfel zur Hälfte aus Marmor besteht, auf die Alp Muot Selvas und über den Muott' Ota wieder zurück. Wir begegneten Ziegen. Abends kochten wir Spaghetti auf dem Campingkocher, und es wurde so kalt, dass sich Manfred sein Bier im Wasserbad wärmte.

Im Waldhaus dann hatten wir eine in Gold- und Rottönen eingerichtete Suite mit zwei oder drei Toiletten und zwei oder drei Badewannen, und auch in den Toiletten und neben den Badewannen gab es ein Telefon. Jedenfalls erinnere ich mich so daran. Es kann aber sein, dass das eine Täuschung ist, die nur daher rührt, dass wir vom Campingplatz kamen.

White Turf

»Du hast noch eine Chance«, schreibt Franziska in einer Mail. Seit Winter 1907 finden auf dem zugefrorenen St. Moritzersee Pferderennen statt. Geplant waren auch in diesem Jahr Rennen an drei aufeinanderfolgenden Sonntagen im Februar. Doch es wurde nicht so richtig kalt. Vor drei Wochen wollte es der Rennverein St. Moritz, der Veranstalter und Hausherr, trotzdem versuchen. Aber während der Nacht vor dem ersten Rennsonntag – das Publikum sollte mit einem »Night Turf« eingestimmt werden, und Boney M. hatte gerade zu singen begonnen – musste das Fest auf dem See abgebrochen werden. An manchen Stellen drückte das Wasser hoch. Die für den nächsten Tag geplanten Rennen fielen aus. Eine Woche später traten die Pferde nur auf der reduzierten Längsstrecke des Sees an, statt um das ganze Eis-Oval zu rennen. Und das spektakuläre Skijöring, bei dem sich Skifahrer an Seilen von reiterlosen Pferden ziehen lassen, fiel ganz aus. Die Fahrer erklärten, dass den Tieren bei der kurzen Strecke die Möglichkeit fehle auszulaufen. Die Pferde liessen sich nicht so schnell stoppen.

Heute also war der dritte und letzte Rennsonntag der Saison. Meine Chance. Blauer Himmel, strahlender Sonnenschein. Und es war die ganze Woche kalt gewesen.

Schon von Weitem ist die weisse Zeltstadt auf dem See zu sehen. Wir stapfen über das Eis. Die Vorstellung, dass unter uns Forellen kreisen, macht mich ein wenig schwindlig. Es riecht metallisch nach Schnee und Pferdeschweiss. Und ab und an kommt ein Hauch Parfüm. Zwischen gut gelaunten Passanten hindurch und vorbei an weiss eingedeckten Tischen mit Eiskübeln und Konfekt-Etageren, auf denen Petits Fours glänzen, schlängeln wir uns zur Kasse. Beim White Turf wird noch selbstbewusst Tierfell getragen, gern nach aussen. Und wessen Pelz Innenfutterfunktion hat, der zeigt ihn doch im weiten Kragen oder schlendert mit offenem Mantel. Bodenlang schwingen Silber- oder Blaufüchse, Nerze; ein schönes Kinn liegt auf einem Schal aus dunklem Zobel, ein blass geschminktes Gesicht lächelt scheu unter einer grossen Sonnenbrille in einer ausladenden, fuchsverbrämten Kapuze. Edle Hunde werden an Leinen geführt. Sie sind Tier und modisches Accessoire zugleich. Da trägt ein knopfäugiger Chihuahua, wie seine elegante Begleiterin, einen aufgestellten Chinchilla-Kragen, oder ein Bullmastiff steht in einem beinlangen Lodenbody da, geschneidert aus dem Stoff des Mantels seines Herrn. Ein heller Samojede in üppigem Haarkleid wartet neben plüschigen Stiefelchen aus ambrafarbenem Kanin; ein glatter Dackel bei den Vintage Boots aus Robbenfell. Auf einer rubinroten Decke ruht ein Rottweiler, als bewache er die Tischgesellschaft mit den breitkrempigen Hüten, die Rosé aus Stielgläsern trinken. Wir entscheiden uns gegen Stehplätze (zwanzig Franken) und für Karten der C-Tribüne (vierzig Franken). Der Eintritt für Familien ist reduziert, Stehplätze für Jugendliche bis sechzehn Jahre kosten nichts. Alles glitzert, glänzt. Die Atmosphäre scheint von einer pelzhaarflirrenden, teuren Substanz zu sein. Vermutlich ist dies der Ort, an dem das Bild von der »Champagnerluft« in St. Moritz erfunden wurde.

Dann donnern die edlen Pferde vorbei, und wir sehen ihren Hintern nach, über denen wie Blüten die Gesässe der Jockeys wippen. Neben mir hält ein Herr Wettpapiere in der Hand. Ich lese Namen wie »Fury« oder »Black Beauty«, aber auch »Footprintinthesand«, »Zarras« »Dandys Perier«. Beim »H. H. Sheikha Fatima Bint Mubarak Ladies World Championship«, Preissumme 33 000 Franken, rennen Vollblutaraberpferde, unter ihnen »Alibaba del Sol« und »Oriental Myth«. Beim mit 111 111 Franken dotierten »Gübelin Grosser Preis von St. Moritz Flachrennen« konkurrieren unter vierzehn Pferden »Jungleboogie«, »Soundtrack« und »Sing with Bess«. Beim Skijöring, Preissumme 15 000 Franken, läuft »Dreamspeed« gegen »Painted Blue« und weitere sechs Pferde mit Fahrern auf Skiern. Es gibt so vielversprechende Pferdecharaktere – man möchte ihnen Balladen schreiben – wie eine »Duchess Andorra«, einen »Sword of the Lord«, eine »Tweed Lady«. Oder »Buddhist Monk« und, ganz anders, »Dancing Diamond«. Nächstes Jahr wetten wir auch, sage ich zu Franziska. Sie lacht. Sie weiss, dass ich keine Ahnung habe und allein auf die Magie von Namen setzen würde.

Über uns kreist eine Drohne, um schöne Bilder zu machen. Franziska sieht ihr nach. »Früher war der zugefrorene See ein Flugplatz«, sagt sie. »Im März 1910 wurde in St. Moritz Schweizer Luftfahrtgeschichte geschrieben. Ein Pilot in einem Wright-Doppeldecker machte mehrere erfolgreiche Flugversuche über dem See. Und 1920 startete auf dem St. Moritzersee der erste internationale Flug: nach London.« Und Samedan?, frage ich. »Wurde erst 1938 eröffnet, ist immer noch Europas höchstgelegener Flugplatz. Heute landen nur noch Privatflugzeuge. Berlusconi zum Beispiel, wenn er seine Schwiegermutter in S-chanf besucht. Und bei Elternsprechtagen im Lyceum in Zuoz ist auf dem Flughafen Hochbetrieb. Da fliegen Oligarchenmütter und -väter aus Russland ein, aus China, aus der ganzen Welt.«

Unten, auf einem Streifen zwischen Tribüne und Rennbahn, wo eben noch das Trommeln der Hufe über das Eis dröhnte, sind ein Ritter und sein Burgfräulein erschienen. Der Ritter trägt einen Bussard auf dem ausgestreckten Arm. Das Burgfräulein in blauem Samt entfernt sich. Und auf ein Zeichen fliegt der Bussard zu ihr. Er bekommt etwas zu essen, fliegt zurück. So ziehen die beiden anmutig, mit dem zwischen ihnen hin- und herfliegenden Raubvogel, weiter. Zwei Mädchen sind auf unsere Tribüne gekommen und schauen sich nach Plätzen um für das nächste Rennen. Sie haben essbare Schalen mit thailändischen Nudeln in der Hand und füttern sich, die schön geschminkten Münder lachend aufsperrend, wechselseitig mit den Stäbchen.

Wir kaufen uns Bratwurst (man bekommt sie in einer langen Tüte verpackt mit einem frischen Brötchen dazu und einem kleinen Schälchen mit Senf, sieben Franken) und sehen noch einen weiteren Ritter, die Schultern mit einem weissen Pelz überworfen. Auf seinen übereinandergelegten Händen (die obere in einem ärmellangen Lederhandschuh) sitzt ein Adler, den weissen Hals über dem dunklen Gefieder weggedreht, den gelben Schnabel geschlossen. Er zeigt sich im Profil, das grüne Auge weit offen, als vermesse er die Schneegipfel-Weite um den See.

Beim Skijöring gelingt der Start nur drei von sieben Skifahrern. Manchmal, sagt mein Wett-Sitznachbar, stürzen alle. Zwei Pferde laufen nun etwas verloren allein weiter.

Sie haben nicht verstanden, dass das Rennen für sie vorbei ist. Hilflos schleppen sie die Seile mit der Stange und der Fahne als bunten Wirbel hinter sich her. Den drei Pferden mit Fahrern gelingt die erste Kurve, die zweite Kurve, dann stürzt ein Pferd. Ein kleines »Oh« läuft durch die Reihen. Die zwei verbleibenden Skifahrer erreichen das Ziel. Der Erste darf sich »König des Engadins« nennen. Eine Liveband hat eingesetzt und wechselt zwischen irischer Folkmusik und italienischen Arien.

Das Burgfräulein geht nun mit einer Eule zwischen den Zelten spazieren und lässt sich fotografieren. Das Tier bleibt ganz ruhig. Aus dem Gefieder eines grauen Mühlsteinkragens sieht ein gelber Eulen-Silberblick durch jedes Gegenüber hindurch. Bussard, Adler und Eule kommen von einem Vogelpark aus der Nähe von Genf. Machst du ein Bild von ihr und mir, frage ich Franziska. Sie nickt, und ich schäme mich ein wenig vor der Eule.

Wir schlendern weiter durch die Präsentationszelte von Autofirmen, Privatflugzeugbauern, Schmuckverkäufern, die mit Champagnerbars und offenen Kaminen aufwarten. Doch daneben können Kinder umsonst auf Ponys reiten. Und statt eines Sandkastens für die Kleinsten gibt es ein Geviert mit Heu, in dem sie wühlen. Bilde ich es mir ein, oder knackt das Eis? Sieger werden ausgerufen, euphorische Hymnen erklingen. Aus einer offenen Pferdekutsche grüssen zwei Damen in der rot-schwarzen Engadiner Tracht mit den aufgestickten Hängenelken. Auf ihren Köpfen tragen sie hohe Kronen aus Kunstzöpfen, sodass sie wirken wie Engadiner Pharaoninnen. Im langsam sinkenden Licht liegen die Berge nun da wie frisch projiziert. Zum Abschied wird der Himmel noch einmal sehr blau, gleich ist die Sonne hinter dem Piz da la Margna verschwunden. Und schon wird es kalt. Ich sehe immer mehr Pfützen und finde, dass das Ufer ziemlich weit entfernt ist. Eine kleine, schwarz gefärbte Dame in einem knöchellangen, weissen Nerzmantel mit überbreiten Schultern sieht einem zierlich-muskulösen Trabrennfahrer nach, der in hohen Stiefeln und engen weissen Hosen seinen Sulky hinter sich herzieht.

Und jetzt zum Fünf-Uhr-Tee, sagt Franziska.

Das Badrutt's Palace Hotel, 1896 eröffnet durch Caspar Badrutt, das erste Hotel Europas übrigens, das »Palace« im Namen trägt, ist nicht das älteste der legendären Hotels von St. Moritz, das wäre das Kulm Hotel, in dem Caspars Vater, Johannes Badrutt, bereits 1856 Gäste empfing (→ *Engländer,* → *Mineralquellen*). Aber es ist vielleicht das exzentrischste. Es nimmt für sich in Anspruch, weltweit einen einzigartigen Service zu leisten. Einem weiblichen Stammgast, der für zwei Wochen anreist, stellt es gern das geforderte Zimmer für hundert Pelzmäntel und die dazu passenden Schuhe zur Verfügung. Und es hilft einem Gatten, der seiner Ehefrau in der Hotelhalle ein Geschenk geben möchte – und zwar überreicht aus dem Rüssel eines Elefanten. Ein Zirkus war vor Ort; vielleicht hatte der den Gatten erst inspiriert. Und nun stand der Elefant vor dem Hotelportal. Man hängte die Drehtür aus. Und das Tier hätte hereinkommen können. Doch es fremdelte. Dem Patissier, unterstützt von einem Hotelangestellten der ersten Stunde, gelang es dann mit Konfekt und guten Worten, den Elefanten in die Empfangshalle zu bewegen. Das ist lange her? Schon. Aber in einem aktuellen Hotel-Werbefilm kann man eine junge Familie speisen sehen, allein auf einer Wiese direkt am See, an einem weiss eingedeckten Tisch. Und dann landet in unmittelbarer Nähe ein Hubschrauber und bringt das eben in der Hotelküche frisch gebackene, noch warme Soufflé zum Nachtisch.

Prinzessin Maria von Teck, die spätere Frau Georgs V. und Grossmutter von Königin Elizabeth II., logierte hier, König Umberto II. von Italien wie auch Spaniens Kronprinz Juan Carlos. Der Schah von Persien und Jimmy Carter; die Autobauer Ford, Renault, Citroën und Bugatti, Enrico Caruso und Coco Chanel; Douglas Fairbanks und Orson Welles und Rita Hayworth, Charlie Chaplin, Marlene Dietrich, Erich Maria Remarque. Und Franz Beckenbauer. Boris Becker hat im Badrutt's Palace seine Hochzeit gefeiert (und zum Schlafen für seine 200 Gäste gleich das Suvretta House dazugemietet). Und Alfred Hitchcock, der 1929 auf seiner Hochzeitsreise hier logierte und fortan 35 Winter im Badrutt's Palace verbrachte, soll in Zimmer 501 im vierten Stock angesichts der schwarzen Bergdohlen auf die Idee zu seinem Film »Die Vögel« gekommen sein.

Das Badrutt's Palace liegt an der Via Serlas, einer kleinen Strasse, in der man auf wenigen Metern die international gültigen Uhren, Kleider, Schuhe, Edelsteinkreationen kaufen kann. Das Hotel publiziert ein handliches Hochglanzmagazin »Palace Galerie«, in dem es das aktuelle Warenangebot vorstellt. »Auch dieses Jahr wollen wir mit der Palace Galerie aufzeigen, dass Sie mit grosser Sicherheit jede Uhr, jede Handtasche, jedes Abendkleid und jedes Accessoire in den luxuriösen Geschäften in unmittelbarer Nähe zum Badrutt's Palace Hotel finden können und dafür nicht warten müssen, bis Sie das nächste Mal in New York oder einer anderen Metropole sind.« Von den rund dreissig Geschäften zwischen der Galerie Gmurzynska, die moderne Klassik verkauft, bis zu »Trois Pommes Style« (Designerkleidung) sind etwa die Hälfte der Läden direkt vom Hotel zugänglich oder haben ihre Räumlichkeiten auf dem Hotelareal.

Die Architektur spielt mit Motiven des Mittelalters, die im ausgehenden 19. Jahrhundert beliebt waren. Und dem

Geschmack der Engländer. Dunkle Holzwände, Kassetten-decken, neogotische Torbögen. Fromme Bilder an den Wänden. Das Sakrale mischt sich mit dem Exquisiten. Heiligt ein hölzerner Bischof an der Wand einen Luxus, dem der Sinn abhanden gekommen ist? Wir gehen in den »Madonna Room«, wo ein Echobild zur Sixtinischen Madonna von Raffael hängt. Das Gemälde wird mit dem grosszügigen Charme inszeniert, echt sein zu können. Wer will in einem so schönen Hotel denn Spielverderber sein! Unter seinem sinnenden Engelpaar (einem der meistkopierten Motive der Renaissance) wird in Vitrinen hochkarätiger Schmuck zum Verkauf angeboten. Wir stolpern weiter durch dunkelrote Samtnischen mit Blick über den See, werden von zwei Freundinnen vertrieben, die hier ungestört plaudern wollen, und landen endlich im grossen Salon. Von irgendwoher kommt Klaviermusik.

Die Sessel sind tief, der Blick auf die Anmut der adretten Kellner und das dezente Publikum gut. Ich erkenne einen Mops mit Fuchspelerine vom White Turf wieder. Sein Frauchen trägt ein kleines Schwarzes mit pelzverbrämtem Ausschnitt. Jetzt beginnt sie, ihr Hündchen auszuziehen. Wir bestellen zwei Portionen Weissen Tee (je zwölf Franken) und bitten um ein paar Nüsse dazu. Der Kellner bringt den Tee in Silberkannen, dazu drei Schälchen mit gesalzenen Mandeln, Cashewkernen in Curry geröstet und Buttergebäck. Wir essen alles auf, wissend, dass das vermutlich nicht so gemeint war. Später werden weder Gebäck noch Nüsse berechnet. Etwas verlegen lassen wir zwei Franken Trinkgeld im Klappumschlag der Rechnung liegen.

Beim Hinausgehen dann eine Epiphanie: Sandalen in einem Glasturm. Die Kreation besteht aus einem entscheidenden Fast-Nichts: Ein plüschiges Riemchen aus schwarzem Nerz liegt über einer schlanken, schwarz eingefassten Sohle, die sich gegen eine auf überhohem Bleistiftabsatz ruhende, schmale Ferse schwingt. Von dort, wo bei dem Bein, das dieses Gebilde trüge, die Achillessehne begänne, folgt eine Art Manschette aus Krokodilleder mit zwei zierlichen Schnallen, als sei die nun folgende untere Wade, die die Sandale umfinge, ein Hals und der Schuhdesigner habe sich von Sadomaso-Praktiken inspirieren lassen. Die Sandale ist handgearbeitet und kostet 1850 Franken.

Draussen ist es jetzt dunkel. Die weisse Zeltstadt auf dem St. Moritzersee liegt blass in der Nacht. Am Himmel steht ein Vollmond über den Bergen. Morgen wird der Abbau beginnen.

X

»Scha ad alchun plasches quest carmen da taxar: ün bler plü
bel sot via ha'l liberta da far«: »Gefällt es einem, über dieses
Lied zu richten, so soll er drunter doch ein schöneres erdichten« (→ *Dachasa*). So sei das X die Lücke, die die Autorin lässt. Der geneigte Leser möge notieren, was er in diesem
Sprachhaus eines Engadin-Alphabets anderes versammelt,
verrechnet und erdichtet hätte.

Yr

»Ir«, gehen, war früher »yr«. Aber es gibt den Buchstaben »Y« nicht mehr im Romanischen. Er existierte in der Formulierung, die sein Schicksal vorwegnahm: »Yr suott« war in der Mitte des 16. Jahrhunderts noch »untergehen«. »Yds suott«: untergegangen. Danach war das Y verschwunden.

Es gibt den Buchstabe »Y« im Romanischen wieder. In »Yoga«. Welch Glück, dass diese alte Sprache beweglich bleibt.

Ziegen

Einmal haben sie das Bild der Engadiner Dörfer geprägt. In Zeiten ohne Kühlschrank sicherten sie die tägliche Frischmilch. Aber sie bedeuteten den Bauernfamilien viel mehr. Eine Ziege war das Lächeln der Alpen. Mit ihr kam der Steinbock der Höhe hinunter in die Häuser. (Ja, auch ein Steinbock ist eine Ziege.) Das Dorf teilte sich einen oder zwei Böcke, und die Familien mussten sich verpflichten, ihn abwechselnd zu beherbergen. Doch niemand wollte das so recht. Denn mit dem Herbst blieb der Bock im Haus, und nun stank er. Die Zicklein wurden dann rechtzeitig zu Ostern geboren.

Ziegen gehören zu den ältesten domestizierten Haustieren, sie sind beziehungsfähig wie Hunde. Ziegen können Zärtlichkeit zeigen. Jedes Dorf hatte einen Hirten, der die Tiere morgens in den Gassen einsammelte und mitnahm auf die höher gelegenen Weiden. Abends brachte er sie wieder zurück. Chasper Po (1856–1936), ein Randulin-Dichter, erzählt noch vom kleinen Ziegenalltag, der heute verloren ist.

Die Ziegen von Sent

Süss schläft Andri um diese Zeit
– doch Hirt und Hund stehn schon bereit
am Platz, der Hirt die Peitsche trägt,
der Hund schon mit dem Schweife schlägt.
Die Ziegen durch die Gassen ziehn,
herauf von Stron, dort von Curtin,
Bügliet, Schigliana, aus allen Ecken
die Tiere ihre Hörner strecken.
So eine rechte Invasion!
Welch ein Geschlinge, Konfusion!
Da gibt der Hirt den Peitschenknall,
sein Pfiff erklingt mit langem Hall.
Die Herde horcht, und Seit' an Seit'
– ein Regiment – ist sie bereit.
Schon gehen sie in lockrem Lauf
zum Maiensäss den Berg hinauf.
Dort suchen aus den Kräuterkissen
Die Ziegen sich die feinsten Bissen.
Und wachsam kreist der Hund in Schlaufen,
damit sie sich auch nicht verlaufen.
Der gute Hund hat viel zu tun,
das weiss der Hirt und ruft ihn nun
zu sich und gibt ihm, was er hat
an Käs' und Brot: Der Hund wird satt.
Trinkt durstig auch sein Wasser leer.
Die Sonne scheint, vom Himmel her
das Gipfellicht der Freiheit lacht.
Des Abends aber, vor der Nacht,
da kommen sie in schnellem Trab
lawinengleich den Berg herab.
Die Kinder stehn am Brunnenrand

mit Brocken Salz in ihrer Hand
»Komm, Ziege, Ziege, komm nach Haus!«
Auch Hund und Hirte ruhn sich aus.
Und fast schon wärn sie eingeschlafen,
tun gut daran, die beiden Braven!
Denn morgen stehen sie bereit,
der Hirt mit Hund beim Frühgeläut!
Süss schläft Andri um diese Zeit …
(da capo ad libitum)

Es gibt immer noch Ziegen in den Dörfern des Engadins; ein wenig muss man sie suchen. Töna Pinggera, 61 Jahre, öffnet die Stalltür in seinem Senter Bauernhaus. Ein Mähen und Meckern hebt an. Während die Mutterziegen nur aufmerksam die Köpfe wenden, trommeln die Kleinen in ihren Verschlägen. Sie wissen: Gleich dürfen sie trinken. Neben dem Eingang strecken weisse Lämmer ihre Köpfe über eine hölzerne Absperrung. Ihre Ohren stehen waagerecht ab wie Propeller, die schwarzen Augen sind ein einziges Staunen. Ihr miauendes Mähen schierer Protest. »Ich nenne sie Waisen«, sagt Töna. »Ihre Mütter wollen sie nicht trinken lassen; jetzt trinken sie bei den Ziegen.« Ziegen sind grosszügig.

Wir gehen durch das Spalier der hohen, sehnigen Hinterbeine, über denen ein anmutiges Gesäss ruht, das in einen konturierten Rücken übergeht: hier die schon sechzehnjährige Mara, die Leitziege, die trotz ihres Alters dieses Jahr noch einmal ein Zicklein bekommen hat. Ein kleines Wunder. Ihr Vater war ein reinrassiger Pfauenziegenbock (weisse Brust, weisser Bauch, Hinterteil schwarz, die Augen mit schwarzer Fleckenzeichnung umrahmt). Ihre Mutter eine Gemsfarbige Gebirgsziege, glatt braun mit schwarzem Aalstrich. Neben Mara steht Marina, dann Cotschna, daneben

Tasna und Sora, die älteren Kinder von Mara, und nun, als Letzter an der Wand: der Bock, ein schwarzer Glanz. Er trägt das Gewicht breiter, ausladend nach hinten gebogener Hörner, sein Bart ist lang, seine Halszotteln sind üppig. Fraglos ist er eine Schönheit mit seinen zwei weissen, vom Horngrund bis zur weissen Mundpartie laufenden Gesichtsstreifen, die seine Augenpartie betonen. Der Bock wird alle zwei Jahre gewechselt.

Manchmal kann Töna ihn tauschen, manchmal verkauft er ihn. In der zweiten Reihe gegenüber stehen die rein braunen Ziegen: Madrisa, Muranza, Tinka, Motta, Georgia, Luisa, Giovanna, Lotti, Brüna und La Pitschna (die Kleine). Sie schauen über ihre Schultern zurück und zeigen ihr Ziegenlächeln. Die Ziegen sind angebunden, aber dreizehnmal im Monat haben sie Auslauf, und im Sommer sind sie hundert Tage auf der Alp. Sein Stall sei zu klein, um sie freizulassen. Zu niedrig. Er müsste eine zweite Ebene haben, auf die sich die schwächeren Ziegen, die Ziegen ohne Hörner, zurückziehen könnten. Ob eine Ziege Hörner hat oder nicht, sei genetisch bedingt; wenn das Gitzi zehn Tage alt ist, spüre man, ob Hörner wachsen werden.

»Ziegenbauern«, sagt Töna Pinggera, »sind besondere Leute.« Ziegen rechnen sich kaum. Sie machen Arbeit wie Kühe; man muss sie melken. Aber vermutlich haben Ziegenbauern Ziegen, weil sie gern mit diesen Tieren leben. Mit ihrer Freundlichkeit, ihrer Anmut, ihrer Intelligenz. Wir gehen weiter durch den Stall bis nach hinten, wo sich noch ein kleiner Raum öffnet. Hier stehen die weiss-braune Burenziege Lin und neben ihr Grischa, deren rot-schwarzes Fell von silbergrauen Haaren durchzogen ist. Meckernde Gitzis hängen ihre Vorderläufe über eine Bretterwand heraus, wie Kasperlefiguren. Töna greift hinein, nimmt je eines unter den Arm und bringt sie an die Euter ihrer

Mütter. Er lässt auch die Lämmchen trinken. Er holt weitere Zicklein aus Verschlägen hervor, die sich zu den Eutern stürzen und dann, auf die Vorderbeine niedergelegt, saugend trinken. Töna kehrt das schmutzige Heu mit dem Kot, wie schwarze Oliven, zusammen, schiebt es zum Mistloch. Er entfernt das Heu aus den Futtertrögen. Die Ziegen sind wählerisch, sie fressen nicht alle Halme. Dieses ausgelesene Heu kann er jetzt noch seinen Schafen anbieten. Die Ziegen bekommen frisches.

Neben den Ziegen im Stall in seinem Haus hat Töna noch einen Hof unterhalb von Sent, dort leben vor allem seine Schafe und jene Ziegen, die nicht geboren haben. Am Ende der Senter Traumpiste steht ein weiterer Stall mit Schafen.

Töna bringt neues Heu. Er pflückt die Zicklein, die Lämmer von den Eutern und gibt sie wieder in ihre Kinderstuben. Aber sie würden noch weitertrinken, sage ich. »Ja«, sagt er, »aber es ist besser, sie trinken nicht so viel Milch. Manchmal wissen sie nicht, wann sie genug haben. Vor allem die Lämmer!« Er kommt mit Eimern voller Wasser für die Mütter. Die Lämmer sind im März geboren, die Zicklein im Februar. Einige hat er an Ostern verkauft. Aber er verkauft auch Tiere zur Weiterzucht. Jetzt hat er noch 24 grosse Ziegen und fünfzehn Zicklein, 75 grosse Schafe und 35 Lämmer. In Gurlaina unterhalb von Scuol am Inn treffen sich die Bauern mit den Schafen und Lämmern, die dort taxiert werden. Wenn alles ideal läuft, verkauft er ein kleines Schlachtlamm für 220 Franken. Abzüglich der Unkosten für Tierarzt und Futter macht er einen Gewinn von 160 Franken. Da ist aber die Arbeit nicht mit eingerechnet. »Ohne staatliche Unterstützung könnten wir alle zumachen«, sagt er. Aber Bauern sind auch Landschaftschützer; ihre bewirtschafteten Alpen gehören zum Schweizer Kulturgut.

Tönas Milchziegen kommen mit den Ziegen anderer Bauern auf die Alp Valmala zwischen Ardez und Ftan; dort leben 130 Ziegen mit drei Böcken. Die Ziegen, die »vödas«, »leer«, sind, und die Jungziegen sind im Sommer im weitläufigen Val Laver, hinter Sent Richtung Val Sinestra, gegen die Fuorcla Champatsch hin.

Töna hat begonnen, die Ziegen zu striegeln, das mache er einmal am Tag. Wie sie glänzen, sage ich. »Ja«, sagt er, »aber jetzt sind sie im Fellwechsel, im Sommer glänzen sie noch mehr.« Was für ein schöner Beruf! Er nickt, und dann schaut er mich skeptisch an. Um fünf Uhr steht er auf, nimmt sein Morgenessen, eine halbe Stunde später ist er im Ziegenstall. Saubermachen, füttern, melken. Dann fährt er zu den Schafställen. Füttern, Heu rüsten, noch mal füttern. Klauen schneiden. Dinge reparieren. Etwas gibt es immer zu tun, mit drei Ställen. Dann die Geburten! Wenn sie die Füsse und die Nasen vorne haben, gehe es meist gut. Wenn sie mit den Hinterbeinen kommen, wird es schwieriger. Dann muss man manchmal helfen. Von Oktober bis Ende des Jahres wurden 47 Lämmer geboren, von Mitte Februar bis Ende Februar 26 Ziegen.

Durch das Fenster kommt das Abendlicht herein. »Aber von Oktober bis Juni jeden Tag um fünf Uhr aufstehen, egal, was ist, auch am Wochenende, das ist nicht wenig.« Seine Eltern waren Bauern in Sent; die Eltern seiner Frau Barbla auch. Barbla ruft zum Abendessen. Es gibt Gemüsesuppe und Brot, Käse, Salsiz. Töna gibt sich Ziegenmilch in den Kaffee. Er hat sie am Morgen gemolken. Sie ist von Marina oder von Senta oder von Georgia. An allen andern trinken die Kleinen.

Von sieben Uhr morgens bis zum Mittag steht vor Tönas Haus auf der Bank eine grosse Kanne frische Ziegenmilch. Wer welche möchte, giesst sie sich ab. Und gibt 2,50 Franken für den Liter in die Kasse, die daneben steht. Die kleine Tochter einer Senterin habe schwere Hautprobleme gehabt, erzählt er, man habe alles versucht. Seit sie Ziegenmilch trinke, sei es vorbei. »Du glaubst nicht, wie dankbar die Mutter ist.« Töna zündet sich die Pfeife an. Kann es sein, dass er ein wenig lächelt wie seine Ziegen?

Zuckerbäcker oder Zurückkommen

Was hat das legendäre Café Florian in Venedig mit dem Friedhof in Sent gemeinsam? Der Flügelschatten der Schwalbe (→ *Randulinas und Randulins*) hat sie gestreift. Beginnend im 14. Jahrhundert, vermehrt in der Zeit vom ausgehenden 15. Jahrhundert bis ins 19. Jahrhundert hinein zogen aus dem Engadin, den Bündner Südtälern Val Müstair und Puschlav wie auch aus dem Bergell Männer in die Fremde, da sie in ihrer kargen Bergheimat kein Auskommen mehr hatten. Während in anderen armen Regionen die männliche Bevölkerung sich vermehrt als Söldner verdingte, lernten die Engadiner das Handwerk der Zuckerbäcker. Und wurden Freibeuter ihres Lebens. Konnten sie Fuss fassen, holten sie ihre Familien nach oder suchten eine Frau vor Ort. Ihr erstes Ziel war Venedig. 1699 waren dort von 42 Konditoreien 40 in Bündner Hand. Und bald bekamen die Bündner auf der Insel San Servolo einen eigenen Friedhof. Sie hatten Privilegien. So durften sie als Reformierte in der Fastenzeit mit Butter backen, was den katholischen Venezianern verboten war. 1742 sollen sich

3000 Bündner in der Lagunenstadt befunden haben. Sie zogen Neid auf sich, Venedig zerstritt sich mit Chur. Und kündigte 1766 die alten Verträge. Daraufhin verliessen die Engadiner Zuckerbäcker die Stadt. Doch in der Folge verbreiteten sie ihre Produkte und die von ihnen erfundene Kaffeehauskultur vermehrt über ganz Europa und brachten sie auch nach Übersee. Man schätzt, dass es weltweit in tausend Städten Niederlassungen von Bündner Zuckerbäckern gab. Man fasst sie als »Zuckerbäcker« zusammen, auch wenn sie Kaufhäuser gründeten, Bier brauten, Liköre destillierten, Limonaden erfanden, Schokoladenfabriken eröffneten und natürlich Kaffee ausschenkten in oft wunderbaren Räumen mit Spiegeln und Säulen, Kacheln, Stofftapeten, die mit der Überfülle ihrer Kreationen aus Marzipan, buntem Zucker und Schokolade wetteiferten.

Nicht alle Auswanderer waren erfolgreich. Doch wenn sie in der Fremde ihr Glück gemacht hatten, kamen viele im Sommer als Schwalben (→ *Randulinas und Randulins*) in ihre Heimat zurück. Und investierten da. Die vielen Palazzi im Engadin zeugen von der Geschichte einer geglückten Auswanderung und einer bleibenden Heimatliebe. So wurden etwa die Gründungen des Lyceum Alpinum in Zuoz und des Höheren Töchterinstituts in Ftan auch durch die finanzielle Beteiligung der Zuckerbäcker möglich. Sie investierten in die Hotelbauten des neu aufkommenden Tourismus. In Poschiavo findet man das neoklassizistische »Spaniolenviertel« in Pastellfarben an der Nordseite der Via di Palaz, das von Zuckerbäckern aus Madrid, Barcelona und Porto errichtet wurde.

In Sent mischen sich die dicken Bauernhäuser mit den italienischen Palazzi; auf dem Friedhof stehen neben den im Gebirge gesuchten und naturbelassenen Grabsteinen der Einheimischen, die oft nur Namen und Lebensdaten tragen, auch die städtischen Gräber der Randulins aus poliertem Marmor. Es gibt ein wunderbares, leider vergriffenes, aber in Bibliotheken erhältliches Buch von Dolf Kaiser: »Fast ein Volk von Zuckerbäckern? Bündner Konditoren, Cafetiers und Hoteliers in europäischen Landen bis zum Ersten Weltkrieg«, in dem man sich in die faszinierende Geschichte von Not und Erfolg der kleinen und grösseren Helden zwischen Petersburg und Neapel, Turku und Alicante, Warschau und Bordeaux versenken kann.

Wer sich für die Kultur der Zuckerbäcker interessiert, sollte ins Zuckerbäckermuseum im Palazzo Castelmur in Coltura (→ *Bergell*) gehen. Geboren 1800 in Stampa, wuchs Giovanni de Castelmur in Marseille auf, wo seine Familie eine berühmte Konditorei besass. Er studierte Politik und Rechtswissenschaft, führte eine Konditorei in Nizza und kehrte wohlhabend ins Bergell zurück. Hier lebte er als Gelehrter. Er heiratete seine Cousine Anna aus Vicosoprano, kaufte das Patrizierhaus auf dem Hügel von Coltura und liess es zum Palazzo Castelmur umbauen. Auch die Kirche Nossa Donna wurde durch ihn restauriert und erweitert. Giovanni de Castelmur lebte mit Anna glücklich und kinderlos. Beide unterstützten mit ihrem Vermögen das Tal, in dem sie lebten. Sie sind in der Kirche Nossa Donna beerdigt.

Das Engadin ist ein Tal des Zurückkommens. Nicht nur die Nachkommen der Zuckerbäcker, auch die modernen Zweitwohnungsbesitzer aus Zürich und anderswo fühlen sich dem Tal verbunden. Die Probleme, die diese Engadin-Sehnsucht mit sich bringt, sind kompliziert vielfältig und ganz einfach. Wer im Engadin eine Wohnung kauft und nicht hier lebt, nimmt Menschen, die hier leben möchten, den Wohnraum weg (→ *Mineralquellen*). Direkt und indirekt.

Denn die Preise steigen. Nicht jeder kann die Wohnungen, die frei wären, auch bezahlen. Dabei sind Ferienfamilien im Unterschied zu Immobilienspekulanten noch das kleinere Problem. Franziska, Ärztin in Zuoz, hat viele Patienten, die im Oberengadin arbeiten, aber im Bergell leben. Wir kennen Verkäuferinnen, Friseurinnen, Spitalangestellte in Scuol, die in Südtirol leben. Die Kinder dieser Familien gehen dann aber im Bergell oder in Südtirol in die Schule, sie sind dort zu Hause. Und sie lernen kein Romanisch. Die überhöhten Immobilienpreise haben zur Folge, dass alte Engadinerhäuser oft nicht in der Familie bleiben können. Franziska erzählt von den »traurigen Engadiner Erbgemeinschaften«, die ihre Elternhäuser an Ausländer, meist an reiche Italiener, häufig aus Mailand, verkaufen müssen, da sie einander nicht auszahlen können. Wenn die Engadiner Dörfer zu mehr als der Hälfte, zu mehr als zwei Dritteln oder nur noch aus »kalten Betten« bestehen, ist das für jedes Gemeinschaftsleben im Tal das reine Gift. Damit aber auch für den Tourismus. Denn die besondere Kulturregion Engadin speist sich immer noch aus den Menschen, die hier leben, Einheimischen und Zugezogenen.

In Sent gibt es seit einigen Jahren ein erfolgreiches Kuriosum. Es heisst »A Sent be rumantsch!« (»In Sent nur Romanisch!«) und ist ein immersiver Sprachkurs. Für eine Woche im November kommen vierzig Sprachschüler aus dem Schweizer Unterland, aus Deutschland und Österreich ins Dorf. Eine Norwegerin war dabei, eine Engländerin, einige Nachkommen von Randulins, die in Italien leben. Die jüngste Teilnehmerin zählte neunzehn Jahre, die älteste 85. Es sind Menschen, die hier eine Zweitwohnung haben oder öfter in die Ferien kommen, andere, die hier arbeiten möchten (im Fremdenverkehr, als Bergführer), und solche, die sich für kleine Sprachen interessieren. Sie beginnen ein

Gesellschaftsspiel. Am Sonntagabend, dem Anreisetag, treffen sich die romanischen Gastfamilien und ihre Sprachschüler im Gemeindehaus. Sie lernen sich bei einem Apéro kennen. Hinterher legen sie einen Spracheid ab, der besagt, dass sie während der kommenden Woche in Sent nur Romanisch sprechen. Oder schweigen.

Es folgt die wunderbare Gong-Zeremonie der Unterengadiner Organistin Ida Zisler und des ehemaligen Senter Lehrers Cla Rauch (der die Website von Sent macht, die vermutlich weltweit beste Website in der Kategorie 900-Seelen-Gemeinden: www. sent-online.ch). Ida beginnt den Countdown: zehn, neun, acht … Bei sieben setzt die Stimme von Cla ein, er aber zählt romanisch: set, ses, tschinch … Und während nun Idas deutsche Stimme immer leiser wird, wird die romanische von Cla lauter. Bei »nolla«, null, schlägt Ida auf den Gong, und die romanische Zeit hat begonnen. Jetzt gibt es, natürlich auf Romanisch, eine erste Romanisch-Lektion von Cla, und dann gehen die Sprachschüler in die Familien zur ersten Nacht im romanischen Haus. Die Vormittage beginnen mit ein, zwei romanischen Liedern, dann folgt der Unterricht (in vier Leistungsgruppen); nachmittags gibt es Exkursionen, abends Filme und Lesungen. Am letzten Abend wird ein wenig Theater gespielt, selbst geschriebene romanische Texte werden gelesen. Man isst zusammen, tanzt bei Livemusik. Gegen 21 Uhr wird der Spracheid wieder aufgehoben – umgekehrter Countdown –, aber meistens bleibt nun doch Romanisch die Sprache des Abends. Alle haben gelernt, wie wenig Worte es braucht, um sich etwas zu erzählen. Und wie viel überflüssige Konversation man sonst so macht. Freundschaften sind entstanden. Oft werden sie mit einem romanischen Mail-Verkehr aufrechterhalten. Ich habe Romanischschüler der immersiven Woche am Bahnhof in

Basel, Zürich oder Luzern getroffen: Wir haben zunächst immer ein wenig Romanisch gesprochen.

Das Interesse an der romanischen Immersiv-Woche ist gross. Wer in Sent mitmachen möchte, erkundige sich auf der Website nach dem nächsten Novemberkurs und melde sich sicherheitshalber schon in der Silvesternacht per Mail an. Auch die klassischen Romanisch-Sommerkurse in Scuol, Samedan und im Val Müstair sind zunehmend gut besucht. In vielen kleinen Gemeinden finden Sprachkurse während des ganzen Jahres statt. Wer in den Ferien einen privaten Romanischlehrer sucht, wird leicht einen finden.

In Sent leben Menschen aus sieben Nationen. Ich kenne die Zahlen in den anderen Dörfern nicht. Das Engadin, dieses Hochtal im dreisprachigen Kanton Graubünden, ist international. Ich habe nicht das Gefühl, dass Integration ein Problem wäre.

Die Zukunft des Engadins und seiner romanischen Welt ist offen. Im Namen des Inn, der ins Schwarze Meer fliesst, im Namen der Delfine, die das Bergell hinuntergleiten wollen, und der Hängenelken an den dicken Häusern. Im Namen der Romanisch sprechenden Jugend aus Portugal. Und für alle ihre Freunde.

Zur Aussprache des Romanischen im Engadin

Ungewohnt für Deutsche ist vor allem die Aussprache mancher Konsonanten:

c   Vor i und e wie z.

c   Vor a, o, u wie k.

ch   Wie »tsch« in Tschüss.

g   Folgen die Vokale i, e, ö, ü, gibt es zwei Möglichkeiten: weich »dsch« wie italienisch Giovanni oder »j« wie Jäger. Beides ist korrekt. Mittlerweile verwenden die Romanen eher das »j«.

g   Folgen die Vokale a, o, u: hartes »g« wie Garten.

g   Am Wortende wird weich »dsch« ausgesprochen (wie italienisch Giovanni).

gn   Wird »nj« gesprochen (wie italienisch gnocchi).

gl   Vor den Vokalen i, ü ist die Aussprache »lj« (wie italienisches »gl« in famiglia).

h   Das h wird nicht ausgesprochen: »hoz« (heute) also nur »oz«.

s   Vor Konsonanten »sch«: also »sfrach« (Schlag) »schfratsch«.

s-ch Zwei getrennte Laute: »sch-tsch«. Also wird s-charpa (Schuh) gesprochen: »sch-tscharpa«. Cinuos-chel, der Ort mit den schönen Sgraffiti an den Engadinerhäusern, spricht sich demnach »Zi-nuosch-tschel« aus.

v   Am Wortanfang »w«, am Wortende »f«.

Bei den Vokalen ist vor allem die Aussprache mancher Diphthonge schwierig:

eu   Wie »ä« mit ausklingendem u, also etwa »äu«. Das wichtigste Beispiel ist das romanische Wort »eu«, ich (bei schnellem Sprechen hört man fast nur »ä«; »eu mang«, ich esse, klingt also: »ä mandsch«).

uo   Das o wird offen ausgesprochen wie in »Orden«.

ou   Das u ist zu hören, Aussprache also ähnlich wie englisch »go«.

ieu   Tendenziell wie »jou« in Jause (»Dieu«, Gott, klingt also etwa: »djou«).

Zum schönen Weiterlesen

Einige mir wichtige Engadin-Bücher, die nicht im Text vorkommen:

Daniel Badraun/Rolf Canal: *Willkommen im Engadin. Wasser, Berge, Übergänge.* Messkirch 2013

Cla Biert: *Il Descendent/Der Nachkomme.* Roman. Aus dem Romanischen von Iso Camartin. Zürich/Köln 1981

Iso Camartin: *Von Sils-Maria aus betrachtet. Ausblicke vom Dach Europas.* Frankfurt a. M. 1991

Jachen Ulrich Könz: *Das Engadiner Haus.* Schweizer Heimatbücher. 4., überarbeitete Auflage, Bern 1994

Dora Lardelli: *The Magic Carpet. Kunstreise zu den Oberengadiner Hotels 1850–1914.* Mailand 2010

Marcella Maier: *Das grüne Seidentuch. Eine Schweizer Familiensaga.* 20. Auflage, München/Zürich 2015

Kathrin Mischol: *Mineralquellen im Unterengadin. Geschichte/n und Fakten.* Scuol 2011

Clà Riatsch: *Die Stimmen des Windes. Zum Engadin-Mythos bei Andri Peer.* Chur 2010

Isabelle Rucki: *Das Hotel in den Alpen. Die Geschichte der Oberengadiner Hotelarchitektur 1860–1914.* Baden 2012

Susanna Ruf: *Fünf Generationen Badrutt. Hotelpioniere und Begründer der Wintersaison.* Zürich 2010

Adrian Stokar: *Dem Süden verschwistert. Literarische Wanderungen im Oberengadin.* Zürich 2011

Ün cordial grazcha fichun a tuots!

Allen, die mit mir sprachen, danke ich für ihr Vertrauen und ihren Mut. Ich danke jenen, die das Manuskript in verschiedenen Stadien gelesen und mich mit meinen Zweifeln nicht allein gelassen haben.

Ich danke meinem Mann Manfred Koch, der massgeblich an der Entstehung der historischen Kapitel beteiligt war (»Bünde im Bergland«, »Engländer«, »Jenatsch und die Bündner Wirren«, »Mineralwasser«). Und ich danke Franziska, die mich mit ihrem mintgrünen Fiat 500, ihrer Bibliothek und ihrer Leidenschaft fürs Engadin bei Recherchen unterstützte.

Schliesslich möchte ich Karin Steinbach Tarnutzer, meiner Lektorin, danken, die dieses Buch kundig und mit Anmut begleitet hat.

Isch es rächt gsi?

Thomas Küng

**Gebrauchsanweisung
für die Schweiz**

Unter Mitarbeit von Peter Schneider,
Völlig überarbeitete Neuausgabe 2008

Piper Taschenbuch, 208 Seiten
€ 15,00 [D], € 15,50 [A]*
ISBN 978-3-492-27566-8

Alpentäler und Street-Parade, Toblerone und Taschenmesser, Bankgeheimnis und Rütlifeiern. Thomas Küng bietet eine ebenso kundige wie humorvolle Einführung in die Schweizer Seele. Er schreibt über Mentalitäten, Geschäftsusancen und die Rivalität der Städte, nimmt uns mit nach Zürich, Luzern und Genf, zur Basler Fasnacht und in die Hauptstadt Bern, wo 1954 für Deutschland ein Wunder geschah. Und er verrät, warum kein Schweizer Müsli isst und wie Sie sich in all dem Chrüsimüsi zurechtfinden.

Leseproben, E-Books und mehr unter www.piper.de

Isch es rächt gsi?

Thomas Küng

Gebrauchsanweisung für die Schweiz

Unter Mitarbeit von Peter Schneider,
Völlig überarbeitete Neuausgabe 2008

Piper Taschenbuch, 208 Seiten
€ 15,00 [D], € 15,50 [A]*
ISBN 978-3-492-27566-8

Alpentäler und Street-Parade, Toblerone und Taschenmesser, Bankgeheimnis und Rütlifeiern. Thomas Küng bietet eine ebenso kundige wie humorvolle Einführung in die Schweizer Seele. Er schreibt über Mentalitäten, Geschäftsusancen und die Rivalität der Städte, nimmt uns mit nach Zürich, Luzern und Genf, zur Basler Fasnacht und in die Hauptstadt Bern, wo 1954 für Deutschland ein Wunder geschah. Und er verrät, warum kein Schweizer Müsli isst und wie Sie sich in all dem Chrüsimüsi zurechtfinden.

Leseproben, E-Books und mehr unter **www.piper.de**

PIPER